JN090992

いのちの恵み

宗教と教育と私

松田高志……著

特定非営利活動法人 くだかけ会

はじめに

教育に志して

　高校に入学後しばらく経ってからですが、中学三年の時の同級で、違う高校に進学したK君と久しぶりに会い、互いの近況を言い合う等大いに話が弾みました。その中で一つだけよく覚えているのは、履修コースの話からか、K君に「将来どんなことをしたいの？」と聞かれて、「出来たら人間と直接関わり合うような仕事をしたい。例えば教育のような」と答えたことです。それまでそんなに真剣に考えたこともなく、と言ってその折迷いながら言った訳でもなく、自分でも不思議なほど〈自然に〉そう答えました。その後多少ぶれはしましたが、大学受験の時は、誰かに相談することもなく教育学部を選びました。

　ところで後になって思ったことですが、そんなに迷うことなく教育の方に進もうと思ったのは、二つの体験があったからだと思います。一つは、父が牧師をしながら同時に教会付属の幼稚園園長もしており、その園長の仕事を大変熱心に、そして実に楽しそうにやっているのを見ていたということです。母も元は幼稚園の教諭だったので、家の中はいつも幼稚園のことや園児のことが楽しい話題になっていました。この幼稚園は、米人宣教師の婦人が開いたもので、その園長のもとで働いていた母も、その園長の後を継いだ父も、そのフレーベル主義の教育観に大いに共鳴し、それを実践しようとしていたようです。我が家の子育ての方も、そのせいか誠に有難いことに殆ど〈自由放任〉でした。二人の姉もそんな環境の中で幼稚園の教諭になりました。このような雰囲気の家庭で育ったことが、私の原体験としてあると思います。

私にとって更にもう一つ大事な体験があります。それは、小学校五、六年生の時、担任の佐藤幸郎先生のお陰で、我々生徒はまるで〈ワンダーランドの中を無我夢中で走り回る〉ような二年間を過ごすことが出来たということです。このことは、拙著『いのち輝く子ら』の「子ども時代を最高に輝かせて下さった先生」の章に少し詳しく書いています。ともかく以上の二つの体験が、知らず知らずのうちに教育への志を育ててくれたと思います。高校三年になり、行きたい大学も決まり、自分なりに迷いなく受験勉強に打ち込み、何とか大学に入ることが出来ました。

ところで大学に入り、すぐにも、教育の本質を深く考えるような、そして教育の理想を熱く語り合えるような授業に参加出来ると思っていたのですが、しかし実際はそんなことはなく、特に最初の二年間は専ら概論風の教養科目で、期待したような講義やゼミはありませんでした。しかも入学した一九六〇年という年は、安保反対闘争で学内は騒然としており、勉強どころではないといった雰囲気でした。

住居の方は、教会の先輩に紹介してもらい、大学ＹＭＣＡの自治寮に入寮することが出来ました。寮生はキリスト教の信者か求道者で、私にとって馴染みのある雰囲気だったので、すぐにその中に溶け込むことが出来たのですが、お陰で、その寮に一種の〈美風〉として残っていた旧制高校風の自由で議論に明け暮れる寮生活のペースにすっかり巻き込まれることになりました。安保反対の学生運動が盛んになる中で、寮でも「信仰と政治」というような問題が当然ながら大いに議論されましたが、しかしそれだけでなく「信仰と学問」、「証の共同体とは」といった問題も常に寮の重要なテーマでした。私は、プロテスタントの「正統派」と言われるカルヴァン主義の教会に属していたのですが、寮生の大半は、もっとリベラルな考え方をしており、自分が〈決断〉した訳ではなく、生まれ育った環境が偶々そうだったというだけの立場は、

いかに理屈を並べても自分自身納得出来るものではないことに次第に気づくようにな
りました。しかも徹底して「原罪」を強調するカルヴァン主義の人間観と、人間の根
本に自発自展する善なるものを認めるルソーをはじめとする近代教育学の人間観とは
相容れないものだと思い始めて、自分の立場が崩れていき、又当然ながら〈理想の教
育〉の夢を追うどころではなくなってしまいました。遂に、宗教の問題も教育の問題
も主体的にゼロから考えるしかないということに思い至り、教会も寮も飛び出し下宿
での独り暮らしが始まりました。この時が、宗教と教育への私の自覚的関わりの出発
点となったと思います。その後、紆余曲折を経て、幸い今は、人生も信仰も教育も一
言で言えば「いのちの恵み」として一つにつながったような気がしています。

いのちの恵み　宗教と教育と私　目次

「人生科」と私

合気道と私

難病と私

人生の不思議

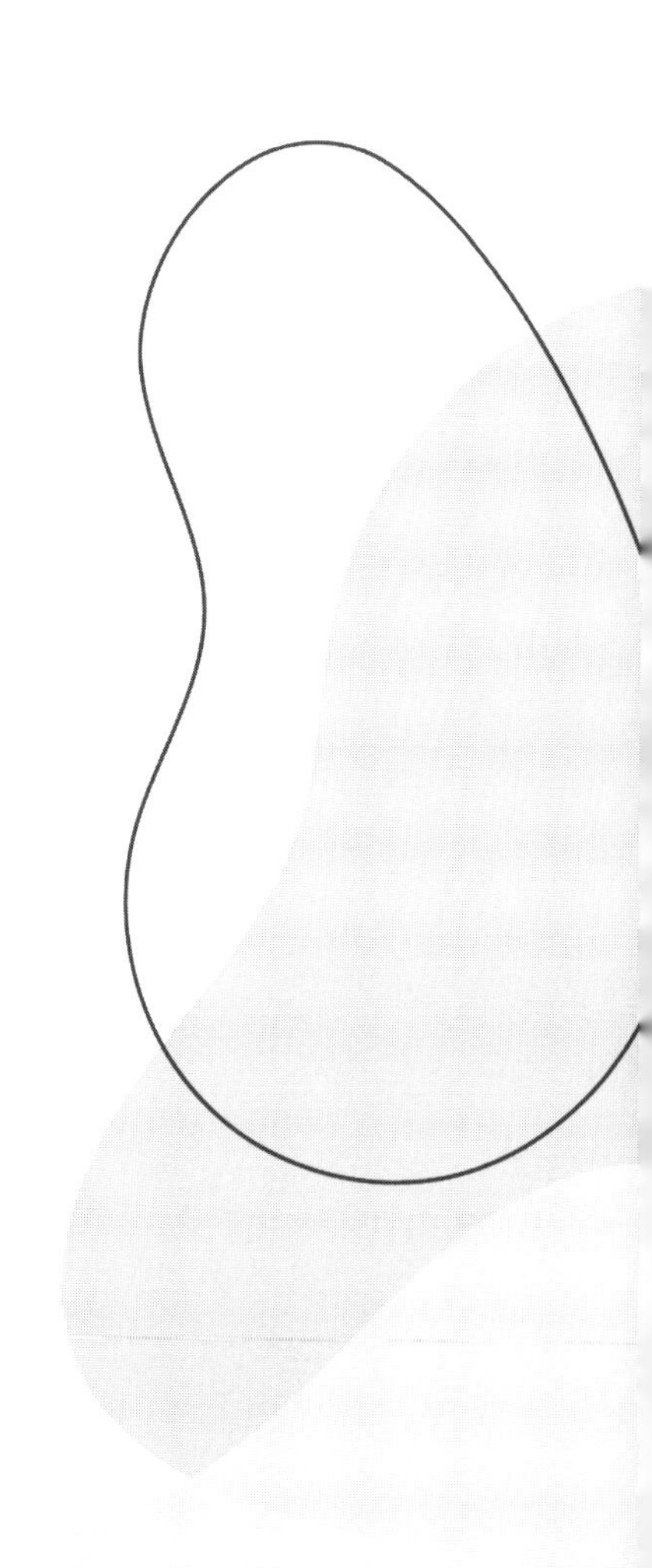

1話 人生の転機

無事定年退職し、念願のスローライフを楽しむことができるようになりました。スローライフというのは、恐らくただゆっくり、のんびり暮らすということではなく、一つひとつのことに心をこめ、手間ひまかけて過ごすことではないかと思いますが、実際そうすると、何事も楽しくなり、したいことが次々と出てきて、結構いそがしいスローライフになります。少し贅沢な「自己矛盾」ですが。

それはともかく、何とか元気に、このような贅沢なスローライフを楽しめるのも、随分昔のことですが、大学院生の頃から大学の助手になりたての頃にかけて、一つの大きな人生の転機があったからだと、この頃益々そのことが有難く思えるようになりました。それは、智勝会という学生を主体とする坐禅会に参加したことによるものです。

今から思うと、まことにうぶだったと思いますが、大学に進学する時、将来理想の教育をするのだという夢を持って教育学部に入学しました。しかし全く予想もしなかった大学や寮の独特の雰囲気に圧倒されて、やがて一種の「自己崩壊」が始まり、人生問題に「煩悶」することになりました。そして卒業の時、教育の現場に立つ自信等全くなく、辛うじて大学院に残ることができたのが不思議な位でした。

幸いなことに、指導教官の下程勇吉教授から、教育学をやるなら、その基盤となる哲学や人間学をしっかりやらねばならないと言われ、当時、教育学からすっかり遠ざかり、専ら哲学書や宗教書を読み漁っていた者にとっては、それは大変有難いことでした。その頃は、全てに対し懐疑的でしたが、ただマルティン・ブーバーの思想には深さと共に何か温かさのようなものが感じられ、それに縋るような思いでその著作を読んでいました。

とは言え、授業への最小限の出席、塾のアルバイト、友人との読書会（週一回、大学前の進々堂であり、唯一の楽しみでした）の他は、殆ど下宿に引き籠もり、食生活をはじめ、随分不健康な生活で、身心共にどんどん衰弱し、生きているのが辛くなっていました。そんなある時、大学の掲示板に「坐禅会（智勝会）」のポスターが貼ってあるのに気づき、何げなく見ると、毎週日曜日の朝、相国寺で学生中心の坐禅会があることが分かり、ふと行ってみようという気が起こりました。いわゆるクリスチャンホームに育ち、大学三年の時に「主体的」であろうとして、教会を飛び出した者ですが、当然仏教のことも、坐禅のことも何も知らず、ただこの行き詰まりの状態を何とかしたいという気持ちだけでした。

智勝会は、月二回、禅堂で坐禅し、梶谷宗忍老師の参禅と提唱があり、後の二回は、一般の方々の坐禅会（維摩会）と合同で本山の広間であり、大津櫪堂管長が提唱し、梶谷老師が主として参禅を受けもっていました。禅堂の雰囲気も老師や管長の風貌・風格も、それまで接したことのなかったもので、久しく味わったことのない新鮮な感動を覚えました。それから自分なりに真面目に毎週相国寺に通うことになったのですが、ただ熱心というだけでいきなり十一月の僧堂の大接心にすすめられてその一部に参加し、又十二月の臘八大接心には堂内詰めをするように言われ、分からないまま参加し、全く大変な目にあいました。そして半年も経たないうちに公案をもらい、参禅することになりましたが、坐ることも十分にできず、公案も全く見当がつかずで、散々でした。それでも何とか七、八年続きましたが、京都での最初の勤務から勤務先が変わり、結婚して住居も京都から遠くなり、智勝会から次第に遠ざかってしまいました。従って坐禅は、全くの落第生であり、このようなところで何も書く資格はありませんが、ただ落第生なりにこの智勝会時代に自分の人生の一大転機があったことも事実であり、それについて少し書かせていただこうと思います。

智勝会に入るまでは、人生問題の答えを求めて、自分の外に生きる根拠や規準を探し求め、あれこれ考え、理屈を重ねていましたが、しかし坐禅は、一切そうすることなしに人生問題を解決しようとするものなので、それが一体どういうことなのか、全く分かりませんでした。

ところでそんな中で、当時僧堂に住み込み、雲水さんと同じように修行しておられた、森田療法の医師である江淵弘明先生に親しく声をかけてもらいました。私の方は、心身共に衰弱し、特にいわゆる強迫神経症に悩んでいたのですが、それはまさに森田療法の分野であり、江淵先生はそのことに気づかれたのだと思います。そして先生に言われたのは、一言で言えば、「ありのまま」に生きるということでした。肩や首が凝ってひどく固くなっていたからでしょうか、声が思うように出なくなり、人と話すのが恥ずかしくてたまらなかったのですが、それを江淵先生に言うと、「変な声のまま、変に思われたら、思われたまま、人に会えばいい、それでいい」と断定するように言われ、それが「ありのまま」ということでした。その話は、珍しく素直に聞くことができ、「腑に落ちた」という気がしました。

このような「ありのまま」は、日々の生活全て、実践の機会であり、少しずつ実践できるようになって、それと共に心身の固さがほぐれてきたのか、実際不思議に元気になってきました。それまで、随分早い老化現象だと悲観していたのですが、必ずしもそうではないと分かり、急に目の前が明るくなった気がしました。そして言葉だけ知っていた自然治癒力が実際に自分の中に働いているのを感じ、「何か大いなるものの恵み」のようなものを素直に信じられるようになりました。そして何と有難いことかと思い、その後自然に前向きな気持ちになってきました。

それまで、「ありのまま」というのは、いいところも悪いところも開けっ広げにして、「なるようになるさ」というような楽天的な気持ちで、反省心や向上心のないあり方だと思っていたのですが、しかし「ありのまま」に生きることで、元気になり、欲が出てきて、自然治癒力を邪魔しないよう心身の悪い癖を取ればもっと元気になれるのでは、という希望と向上心が湧いてきました。

又「ありのまま」は、内容的にも例えば、自分が傷つかないよう「はからう」のでなく、「はからい」なしにすべきことをする「開き直り」であり、又「人事を尽くして天命を待つ」というように結果は「お任せ」してただ目前のことを一所懸命にすること、感情や気分、理屈への「とらわれ」に付き合わないという「手放し」、自分の嫌な所、失敗や恥を自分のものとして、「受容」すること等、勇気ある生き方であり、いわば肚の据わった、「開かれた安心」であることが分かってきました。そして実に、自分のやっている坐禅が、そのまま「はからい」なしの「開き直り」であり、又自分の全てを坐ることそのものに「お任せ」することであり、まさに「ありのまま」を深めることに他ならないと思われてきました。

このように「ありのまま」は、最初「心理療法」の一方便のようにしか思っていなかったのが、実はそうではなく宗教、特に仏教で言われる信仰の基本的あり方であり、宗教的生を深める出発点になるものではないかと思えるようになり、自分の外に真理を探し求めることなしに人生問題を解決するということがどういうことか少し分かったような気がしてきました。このように思えるようになったのは、坐禅の落第生ではあっても、禅の世界につながっていたということが大きかったと思います。

ところで、元気になりかけた頃、実に幸運なことがありました。それは、指導教官の下程教授の後任として、智勝会の大先輩である上田閑照先生が教育学部に就任されたということです。上田先生は、僧堂の大接心に通っておられ、いつも長い参禅で我々はひそかに感心していましたが、哲学・宗教学のご専門で、私にとっては遥かに遠い存在でした。その上田先生が、直接指導してくださることになり、以後今に到るまで研究の面はもちろんのこと、私的なことまで随分お世話になっています。指導教官と言えば、いわば一番怖い存在ですが、しかし上田先生は、まだ頑なで、ちぐはぐな所の多い私をすっかり肯定的に受けとめてくださって、どれだけ救われた気持ちになったか分かりません。大学の助手になりたての頃、大人数の授業を沢山持たされ、かなり大変で落ち込み、もう辞めたいと先生に訴えたことがありますが、「大学教員としてこうでないといけないというものはない、松田君は松田君のやり方で一所懸命やればいい」と言っていただいて、気持ちが随分楽になり、何とか続けることができたというのも、その一つです。

次第に元気になり、将来への希望も持てるようになって、自然に、教育というものにもう一度真剣に取り組んでみたいと思うようになった時、もう一つ幸運なことが起こりました。青少年向けの人生論である『葦かびの萌えいずるごとく』という本を偶然知って読んでいると、江淵先生が、その著者の和田重正先生のことをよく知っていて、是非紹介したいと言って、早速和田先生に会わせてもらいました。実は和田先生も若い頃神経症で悩まれ、森田正馬博士に直接指導してもらっていたということがあり、それで江淵先生とも親しかったわけです。和田先生は、次のように言っています。

私には、森田正馬先生から与えられた「事実唯真」「ありのまま」という言葉があった。丁度十年間、求道に命をすり減らしている間中、夢にも忘れずこれを温めていたその功徳によって、不生を不生として、私は盤珪さんをわが血脈の人と感じることができるようになったのだと思っている。（『あしかび全集』第一巻）

和田先生は、若い頃のこの体験を生かし、寺子屋と称する「はじめ塾」とその合宿所「一心寮」を開いて、青少年に「人生科」（人間観、人生観を深める教育）を実践しておられました。先生に実際に接して、自分が一番探し求めていた教育がここにあるということが実感され、教育というものへの視界が一挙に開けた気がしました。

「ありのまま」のあり方を深める中、内からのいのちの働きに気づき、又少しずつですが自分を超えるものに「お任せ」できるようになって、不思議に元気になると共に、次々によき出会い（ご縁）に恵まれることになりました。今は、「人生科」のささやかな実践、畑仕事や家事等の「作務」、そして合気道の稽古等を楽しんでいますが、考えてみればいずれもその〝淵源〟は智勝会時代にあるような気がしています。

2話

和田重正先生との出会い

大学院時代、京都郊外の岩倉に下宿していましたが、周りはまだ田畑が多く残っており、山（北山）も近く、散歩する所には事欠かないような所でした。下宿の近くに、叡望会という小さな学習塾があって（実際そこから比叡山の美しい姿が一望できました）、十人位の中学生を相手に英語や数学を教えるアルバイトをしていました。田舎の純朴な子どもたちに囲まれ、その塾での仕事は気に入っており、大学院を出ても、この塾で少しクラスを沢山持てば、何とか暮らしていけそうだ、何と言っても塾は夕方から数時間教えるだけで、昼間は本を読んだり、散歩したり好きなことができると、呑気なことを考えて、就職活動らしきことは何もしませんでした。大学院もそろそろ終わりに近づいた年の暮れ頃、大谷大学に勤めている、同じ講座（教育人間学）出身の先輩から、うちに助手として来ないか、というお誘いがあり、大変尊敬していた先輩でもあり、すぐにお受けし、翌春から大谷大学に助手として勤め、教育学等の科目を担当しました。

但し、それまで、いわば「自分（の根拠）探し」の袋小路に入り込み、にっちもさっちも行かず教育学の勉強どころではなかったので、自分の担当する教育学の授業では、当時唯一好きだったペスタロッチーの『シュタンツだより』について語る他は、人生論や人間観のようなことばかり話していました。ただ、森田療法を専門にやっておられる江淵弘明先生にお世話になっていたお陰で、少しずつ元気になり、教育というものにもう一度関心が向き始めた頃でしたが、しかしなかなか自分にぴったりした教育思想や教育学に出会えませんでした。自分としては、広い意味での宗教（特定の教団に限らない）や人生哲学と一つになった教育思想を求めていたのですが、内心そういうものと出会えるとはとても思っていませんでした。

そんな時、ある授業で、自分の愛読書について読書レポートを書くようにという課題を出したところ、提出されたものの中に、和田重正著『葦かびの萌えいずるごとく』（柏樹社）という本を取り上げたレポートがありました。その本のことも、著者のことも何も知らないまま、そのレポートを読みましたが、若者向けの人生論で、面白そうなことも少し書かれているな位の印象でした。それでもともかく本を買って読んでみましたが、あたりまえのようなことが書かれていたり、逆になかなか理解できないようなところもあったりで、結局読み放しになってしまいました。

その後大学を変わり、しばらくしてドイツに二年ほど留学し、そして帰ってからですが、どういう訳かこの本をもう一度読みたくなり、読み始めると、前と違って、書かれていることが、心に沁み入るように入ってきました。そして実に不思議なことに、森田療法の江淵先生に久しぶりにお会いした折、「『葦かびの萌えいずるごとく』という本があるが、読んでみないか、君に合っていると思うが」と言われ、びっくりして、「それは、とても気に入って今読んでいるところです」と答えると、それには先生も驚かれて、「松田君はさすがだなア、じゃあ今度和田先生が関西に講演に来られるから、君を先生に紹介しよう」と言ってくれました。江淵先生が、何と著者の和田先生と親しいとは……、これには再度びっくりしましたが、ともかくすぐに紹介してもらえることになり、人生に〝弾み〟がついてきたような気がしてなりませんでした。

そして奈良で講演会があり、江淵先生も一緒に来てくださって、私を和田先生に紹介してくれました。和田先生は、どういう訳か、私を見て、懐かしそうな顔をされ、私もそういう先生に最初の瞬間から打ち解けた気持ちになりました。その時、どんなことを話されたか、ほとんど覚えていませんが、ただ最後に、「夏に合宿があるから、よかったらいらっしゃい」と言われ、その夏、和田先生の私塾「はじめ塾」の合宿所である一心寮に早速家内と行かせてもらいました。

その合宿所は、ＪＲ御殿場線（神奈川県）の山北駅から歩いて二時間近くかかる西丹沢大野山の中腹にある古い農家の建物で、そこは申し分ない自然に囲まれ、平和そのものと言える穏やかな場所でした。その合宿は、「教育と人間を考える合宿」というもので、主に学校や幼稚園の先生や親たちが十名ほど参加していました。二泊三日の日程は、朝と晩に和田先生の講話と話し合いがあり、後は手分けして掃除、炊事、風呂焚き等をし、畑仕事、薪割り、鶏や犬の世話等は自由に好きなようにするというもので、合宿とは言えないゆるやかな日程でした。合宿らしいのは、朝五時に「板（はん）」が叩かれ、起床の合図があるのと、先生の講話の前に、十五分位の「正坐」（岡田式静坐法のように腰骨を立て「キチンと坐る」）があること位でした。

ちょうど御盆の頃でしたが、何だか自分の故里に帰って来たような、ほっとした気持ちになり、不安も焦りもなくあたりまえの生活を一つ一つ心をこめてする気持ちよさが、何とも言えず有難く思われました。そして何の躊躇もなくそれから十数年、和田先生に師事することになりました。

和田重正先生（一九〇七〜一九九三年）には、『教育は生活から』（地湧社）という著書があり、あたりまえの生活（よい生活）をするだけで大事な教育の基礎はできると言われています。但し、それは、いろいろ規則を設けて、それをきちんと守ればいというものではなく、逆にできるだけ規則を設けず、外からの圧力無しに、子ども自身がしたらいいことに気づき、心が動き、体が動き、いのちの力が自然に発揮されることが大事であるとされています。但し、そのためにも親や大人自身がよい生活をして、子どもにとってよいモデルになり、又生活そのものにいいリズムが出てくるということが重要であるということです。

そしてこのような「あたりまえの生活」と共にもう一つ大切にされているのが「人生科」です。「人生科」は、大人も子どもも「同行（どうぎょう）」であり、共に手を携えて人生の真実を問い求め、自覚を深めていこうとするものです。和田先生の「人生科」は、特定の宗教、宗派に限られることなく、自分の人生の経験や問題意識を自由に語り合い、それぞれが自分自身の自覚を深めることができればよいというものですが、ただいわゆる「道徳教育」と違って根底に次のような先生の思いがあります。

道徳科では、自分と他人は別物だというところに出発点がある。人生科では、自分と他人は別ものではないというところに出発点があるのです。……中略……昔から、自分というものの正体に疑問を抱き、深く深く究めて行った人は、自分と他人は別物に見えるけれど別物ではないという結論に行きつくようです。お釈迦様もキリストも、多分そうだろうと思います。……中略……

自分が幸せになるってことが、自己中心的発想だと思ったら大間違いでね、そういうことじゃないね。本当の幸せとは、もっともっと開けたものだ。……中略……皆が幸せの方向に少しでも目を開けてってもらいたいな。

(『人生科Ⅰ　自分を生きる』くだかけ社)

道徳教育では、自分と他人は別物だという大前提があるので、自分のことは犠牲にしても善いことはしなければならないと教えられますが、「人生科」では、「自分の本当の幸せを求めよう」と言われ、本当の幸せ、つまり目先の幸せではなく、長い目で見て幸せであることは必ず周りの者にとっても幸せであるという、まさに自分と他人は別ものではないというういのちの事実を踏まえています。

和田先生の主著とも言える『もう一つの人間観』（地湧社）では、生物の進化の過程で、人間は大脳知を獲得し、万物の霊長になるが、しかしその分別（二元対立）知によって自分を苦しめることになり、その苦しみの末に、二元対立を超えたいのちの世界に目覚めることが人間の次の進化であると言われています。いのちの世界に目覚め、自他は別ものではなく、他人の喜びを自分の喜びとし、自ずと互いに生かし合い、補い合って生きることは、平和そのものであり、このような平和を広げていくこと（「平和創造」）は、世界平和実現（進化の方向）の本道であると考えられています。

政治的に言えば、反戦運動のように戦争勢力に対峙する対症療法的やり方よりも、「平和創造」、つまり「平和」増進という養生的やり方の方が、根本的であり、世界平和への近道であると言われ、我が国の平和憲法も能動的に解釈すれば、このような流れになると説かれています。（『自覚と平和』くだかけ社）

和田重正先生は、若い頃長い年月、人生問題に苦しみ、遂に「自分と他人とは別ものではない」といういのちの世界に目覚め、人生問題の悩みから解放された、と言われ、そして又そのような人生の真実を若者たちに伝えたいという思いから、寺子屋と称する塾を始められたのですが、私自身、幸運にもこの「いのち・やすらぎ」（書名にもなっている）の世界から生まれた教育思想・教育実践に出会うことができ、自分が取り組みたいと空想していた（つまり有り得ないと思っていた）教育の全体が、あたかも霧が晴れて今まで見えなかった山の全貌が突然現われるように見えてきたという気がしました。宗教、哲学、平和、自然、生活と教育が一つのものとして現われてきました。その深い奥行きと、それにもかかわらず自分のこととして身近に取り組めそうだという手応えを与えられて、初めて自分の人生の課題が明らかになった気がしました。これは、自分にとって実に不思議なことであり、何よりも有難いことでした。

宗教と教育と私

3話

体験的宗教教育論

前にも少し書いたことですが、自分にとって宗教が一生の課題になったのは、キリスト教の牧師の家庭に生まれ育ったということが何よりも大きいと思います。父も母も若い頃に、アメリカから来た宣教師に出会って、クリスチャンになったようですが、それに対し私は、当然のことながらいわゆるクリスチャン二世として育てられました。そして大学三年の時に教会を飛び出す形になり、以後教会を離れていますが、しかしクリスチャンホームに生まれ育ったことは、自分の人生にとって、そして特に求道・信仰の面で決定的とも言えるものであったと思います。それはどういうものか、ここに少し述べてみたいと思います。但し私の場合、少し特殊なケースであり、又どうしても主観的になりがちで、参考になるかどうかは分かりませんが、何か問題提起にでもなれば、と思います。

キリスト教の牧師の家庭は、他の宗教と比べてどうなのかは分かりませんが、ともかく教会と一体になっている面が多いように思います。私の場合、大学に入学して家を離れるまで、教会に隣接する牧師館で育ちました。父親が園長をしていた教会附属の幼稚園に入り、その後小学校一年から高校卒業まで、毎日曜日いわゆる日曜学校（教会学校とも言われる）に通いました。そしてそれと共に、中学生頃から大人の礼拝や集会にも出るようになりましたが、そういうことは全て「そういうものだ」と思っており、特に疑問に思ったことはありません。

日曜学校は、子どもにとって少々退屈なところもありましたが、イヤだと思ったことはなく、むしろ楽しいことが一杯あったように思います。礼拝や、聖書などの学びの他、キャンプや他の日曜学校と合同の二泊三日の夏期学校、クリスマス等いろいろなイベントがあり、今思うと、子どもたちを楽しませるいろんな工夫がされていたな、と思います。

当然その中で、聖書の話を始終聞かされ、今も覚えていることは沢山ありますが、しかしそういったものに積極的に興味を持ったという記憶はありません。日曜学校は、全体の礼拝や集会とは別に、「分級」と言って、年齢によって四つか五つのクラスに分かれ、神学校から派遣されていた神学生や熱心な教会員の方が担当していました。そこでは、よく「教理問答」（カテキズム）がテキストになっていました。「教理問答」は、キリスト教の主な教義を問答式の形で理解しやすくしたものですが、特に日曜学校用に簡潔で分かりやすい言葉で書かれた「教理問答」があり、父親は、このカテキズム教育に大変熱心でした。しかしこれは、いかに分かりやすい言葉で書かれていても、やはり抽象的、観念的な内容なので、正直言って退屈でした。当時は、そう感じるだけで、それ以上のことは何も考えませんでしたが、しかし後になって、これは、宗教教育として大いに問題があるな、と思うようになりました。このことについては、又後で述べたいと思います。

日曜学校の生徒は、教会員の子女や、附属幼稚園を卒業してそのまま日曜学校に残る一部の子どもたちがほとんどで、全体で四〇～五〇名位だったと思います。中学、高校まで続ける者はそう多くはありませんでしたが、ともかく年齢の違う子どもたちが比較的長い間一緒にいろんなことをして、お互いに親しくなっており、しかも神学生や教会員の方がよく面倒を見てくれていたので、とても家庭的で、しかも教会特有の素朴で温かい雰囲気があり、子どもにとっては大変居心地がよかったように思います。このような日曜学校の雰囲気やそこで経験したことは、今もよく覚えており、ちょうど大きく成長しようとしていた時期だけにきっと大きな影響を受けたと思います。

では、クリスチャンホームとしての家庭においては、どうであったかということですが、特に教会と〝地続き〟の牧師の家庭は、やはり教会とほとんど変わらない雰囲気でした。教会員の方が、次々牧師館に話に来られたり、又両親が忙しくしていると、家族のように私たち子どもをかわいがってくれました。家庭での礼拝は、それほど記憶にはありませんが、しかし歌の好きな父が音頭をとって家族全員で時々讃美歌を合唱していました。食事の際には、両親のどちらかが、食前の感謝の祈りをしましたが、それは、いかに多くの神の恵みを頂いているかとか、病気などで苦しんでいる人に神のお助けがあるように、というような内容でした。これは、意図的かどうかは分かりませんが、何らかの教育的意味はあったように思います。

牧師の家の家計は、なかなか大変だったようで、子どもなりに贅沢はしてはいけないと思っていました。しかし方々からいろんなものを頂くので、凡そ貧しいという雰囲気はありませんでした。父母共に、アメリカのいわゆるピューリタン的な、質素で温かくそして敬虔な家庭というものを理想としていたようで、貧しいなりに与え合い、分かち合う生活を楽しんでいたと思います。私自身の中には、このような家庭の雰囲気が「原体験」のようなものとしてあり、そこにある価値観はそのまま血肉のようになって今も生きている気がします。

そしてこのような家庭の雰囲気と共に、やはり父母それぞれの「生き様」から受けた影響も大きかったと思います。父親は、小柄で、目立つような所は特にありませんでしたが、一つのことを長く続けるのが取り柄だとよく言っており、「マラソン選手」だと自他共に認めていました。教会や幼稚園の仕事の他に、近くの神学校や教派の裏方のような仕事をよく引き受けて忙しくしており、母からは、「お父さんはいつも雑用係やね」とよく冗談に言われていました。実際そういう地味なことが父には似合っていました。しかし会議などでは、なかなか言いにくいことをはっきり言って、筋を通すところがあったようで、これも母は、「お父さんは武士の末裔だから」と言っていました。父は、子どもに対しても、お年寄りに対しても、又身内の者にもほとんど同じように親しそうに、それでいてある種の敬意を持って接しており、それがどういう訳か子どもに強い印象として残っています。

こういうことは、父の性格的なものにもよると思いますが、しかしそれだけでなく、父の信仰から来る何か確信のようなものと結びついて一層自覚的に強められていたかもしれません。父はただ淡々と生きている風でしたが、子どもには強い印象として残っており、まさに子どもは、「親の背中を見て育つ」という通り、父の「生き様」から実際大きな影響を受けたと思います。

母親は、もともと行動的で、太っ腹な性格だったと思いますが、父と結婚し、「牧師夫人」として日々の出来事によって鍛えられ、又当然聖書の言葉によって力づけられて、一層「気前のよい」生き方をするようになったと思います。それは、実際なかなか真似のできないような「気前のよさ」でした。突然にお客さんが来ても、家族のために用意していた食事を当然のように分かち合ったり、子どもが楽しみにしていた頂きものを他の人たちにもお裾分けするということをどんどんするので、子どもたちはいささか閉口していた時期もあります。しかし母は、そのこともよく分かっていたようで、いつもご飯を多めに作ったり、「服も靴も、皆頂いたものばかりよ」と開けっ広げに言って、「必要なものは、必ず神様が与えて下さる」ということを子どもたちに気づかせようとしていたようです。母は、何か頂くと本当に喜んで相手の肩をたたいて喜びを表したり、すぐに長文のお礼の手紙を書いたりして、もらって喜び、分かち合って喜ぶという毎日でした。このような母の「生き様」は、父の場合と同じように心に強く焼き付いています。しかし残念ながらなかなか母のように気前よく生きることはできませんが、しかしそうありたいという確固とした目標としてあり、それも感化の一つであるとすれば、母によって大いに感化されたと言えると思います。

ところで、このように育ちながら、冒頭に述べたように大学三年の時に教会を飛び出してしまいました。その理由は、なかなかうまくは言えませんが、大体次のようなことでした。教会の中で育った者にとっては、初めからいわば「生きる根拠」が与えられています。そして礼拝やカテキズム教育によって、常にその「生きる根拠」（信仰的内実）がいかに真実なものであるかということを教えられます。教会の中で育った者にとっては、答えが先にあって、それをよく理解して自分のものにし、それにふさわしい生き方をするよう努めるということになります。クリスチャンの親は、自分の子どもに対し、自分が最も真実であると思っていること、それも人間にとって最も大事な「生きる根拠」となるものを何としても伝えようとするのは当然のことだと思います。従って自分の子どもを日曜学校に通わせ、カテキズム教育を受けさせることになります。

私は、まさにそのように育って来て、教会や家庭で教えられた信仰的内実をそのまま受け入れていました。大学に入り、教会の先輩の紹介で大学ＹＭＣＡの寮に入ることができ、又近くに同じ教派の教会があって、そこに通うことになりました。寮は、クリスチャンと、いわゆる求道者がいましたが、教会と違ってキリスト教について全く自由に議論することができ、そういう自由が最も大事にされていました。そのような中で、私も議論に加わりましたが、すぐに自分の信仰的内実が「借りもの」であり、単に教条主義的に意見を言っているに過ぎないということが分かってきました。そして結局次のように考えざるをえなくなりました。

「生きる根拠」というものは、信仰的なものであれ、そうでないものであれ、人間の自覚の一番深い所での問題であり、その真実性は、理屈で説明したり、客観的に証明したりできるものではない。何らかの「生きる根拠」を真実なものとして受け入れるということは、自分の最も根本的な体験や自覚から、それが真実であると決断することである、と。

このように思うようになって、自分は教会を出て、何の前提もなしに、主体的な最も深い要求から「生きる根拠」を見い出すしかない、という思いが固まっていきました。こういうことについて、牧師や両親、教会の先輩方にかなり真剣に話したつもりでしたが、結局一方的に教会を飛び出すことになりました。そしてそのことは、私にとって生まれ育った世界を去って全く別の世界に生きることを意味しました。教会では、その世界は、「生きる根拠」を持たず無自覚的に生きている人や、誤った根拠に頼って生きている人の世俗的世界であると教えられ、そのように思い込んでいたので、そこでは全く孤立するしかないと思っていました。そして何よりも自分自身、「生きる根拠」がなく、身動きができず、まさに自縄自縛の状態に陥りました。ただできることは、何とか「生きる根拠」を見い出すことでしたが、本を読んだり、自分の頭で考えたりするだけではどうにもならないということも分かってきました。

そしてその後、時間はかかりましたが、幸いにもいい機縁に恵まれ、思いがけない仕方で〝息を吹き返す〟ことができました。そのことについては、他の所（「人生の転機」）に書きましたので、ここでは重複を避けたいと思います。

クリスチャンホームに育ち、日曜学校に通い、それなりに宗教（キリスト教）教育を受け、確かにそのことによって感化され、影響を受けたことは事実であり、そしてそれは大変大きなものであったと思います。実際、同じような境遇から、熱心なクリスチャンになり、あるいは牧師になった人もいますが、私の場合、そのようには順調に行きませんでした。

しかし今になって思うと、自分の場合も、家庭や教会による影響、感化は、宗教教育として十分に本質的なものであったという気がします。それは、家庭や教会の経験全体を通して、いわば宗教的世界の次元を開いてもらったということです。その信仰的内実は、自分自身で気づき、親とは違うものになりましたが、しかしそういう宗教的世界の次元にまで行かないと真の解決はないということを心底感じさせてもらったということは確かです。幸い自分なりに「生きる根拠」としての信仰の真実に気付き、それによって生きることができるようになりましたが、その際又、家庭や教会で影響を受け、感化されたことが、しっかりと息づいているのを感じます。それは、実に有難いことであると思っています。

4話 教育の前提としての三つの「信」

この頃、そういう年代になったからか、出身校の同期会やクラス会で旧交を温める機会が増えてきました。そのような集まりで、私が大学で教育学を担当してきたことを話すと、旧友たちから、必ずと言っていいほど「やっぱり教育やなァ」と言われてしまいます。我が国は今、問題が山積して、行き詰まっているという「共通認識」から、教育に期待するしかない、という意味で言われるのですが、それに対し、「それはそうだけど、（そういう社会の）皺寄せが学校や子どもたちにきていて、その重圧の中で、教育を変えるのは大変だよ」、差し当たりそう言うしかありません。

このような先の見えない時代にあって、親も教師も、取り敢えず子どもをいい学校に入れ、いいところに就職できるよう受験教育に力を入れるしかない、と思いがちですが、当の子ども・生徒にとって、明るい見通しのない現状では、受験勉強は面白いはずがありません。それで親も教師も子どももやり辛く、生き辛い時代になってしまっています。

そもそも教育は、親や教師が頑張れば頑張るほどうまくいかないということが少なくありません。逆に、とても教育（あるいは教師）とは思えないのに、子どもは生き生きと育つということがあります。これは、「教育の逆説」と言ってもよいものですが、特に今の時代は、そういうことが多いように思います。しかしそうであれば、教育としてどこに力を入れていいのか分からなくなります。

これまで教育について自分なりにいろいろ考えてきましたが、このような「教育の逆説」を受けとめると、結局教育のやり方よりも、教育以前の、教育の前提となるものが先ずもって大事なのではないか、という気がしてきました。それは、安心して力を入れていいものであり、それが満たされると教育はやりやすくなり、又力を入れてもいい教育（の方向）が見えてくるが、それが満たされないと、教育はやればやるほどおかしくなる、そういう前提です。そしてそういうものとして、少なくとも三つ位あるのではないか、と思うようになりました。それらは、いずれも「信」と言えるものですが、具体的には次のようなものです。

その一つは、子どものうちにある自然治癒力を信じるということです。これは、信じるというよりその事実を認めるということでもよいわけですが、その真の力や有難さを心底認めることはなかなかできないので、信じるという言い方でいいのではないかと思います。私自身のことになりますが、二十代から三十代にかけて人生の問題に行き詰まり、心身共に疲労困憊し、随分早く老化現象が起きたなと、すっかり悲観していたのですが、あることが切っ掛けとなり、再び元気になりました。そしてその時初めて自然治癒力の有難さに目覚め、それ以来自然治癒力さん（こう呼んでいます）を生活の一つの中心として生きてきたように思います。

自然治癒力が高まると、病気になりにくく、又病気や怪我の治りも早いわけですが、しかしそれだけでなく心身の健康のレベルが上がり、心身共健やか（語源は「清やか」）で、清々しく、フレッシュであり、又康（安）らかで安定し、安らいだ状態になります。これは、成長・発達にとって何より大事なことです。心身共フレッシュで安らいでいるということがないと、どんな教育も無理な強制か甘やかしになり、一層不健康な状態に追いやることになります。自然治癒力を信じることができれば、余計な心配をする必要がなく、ただ自然治癒力を高めるような「よい生活」をすればよいことになります。自然治癒力を高める呼吸法、姿勢、食生活、運動（活動）、心のあり方などは、すべて「天地の理」にかなっており、混迷の時代にあっても安心して努めることができるものです。今は、競争・多忙・刺戟過剰などで心身は緊張の余り、硬直化しており、それをゆるめ、ほぐさないと、自然治癒力は十分に発揮されません。従って「よい生活」は、頑張るというより、レクリエーションあるいはリラクセーションという楽しくやれる方向であると思います。

もう一つの「信」は、どの子どももその子自身の天命（使命）を持って生まれてきているということを信じることです。これは、いろんな宗教で言われていることですが、宗教に属す、属さないにかかわりなく、このような「信」を持つことはできるはずであり、教育にとって何としても大切なことであると思います。

シュタイナー学校で有名なR・シュタイナー（一八六一〜一九二五年）は、子どもを「神聖な謎」であると言っています。これは、どの子どももその子自身の天命があり、その限りどの子ども「神聖な存在」であること、又その天命は、すぐには誰にも分からないという意味で「謎」であるということです。大人は、「神聖な謎」である子どもに対して、決して自分の夢を押しつけたり、子どもの独自な欲求を無視してはならず、子どもがその子自身の天命を全うすることが、その子の一番深い欲求であり、又、神聖な意味があることを信じることができれば、それによって、その子にどう接するかが見えてくると思います。

ここでもう一つ大事なことがあります。今日、大きな問題であると思われることの一つは、一般的に人格の尊厳ということが言われても、いわゆる基本的人権が認められるだけで（それも十分ではないのですが）、そのかけがえのない人格に対し敬意をはらうとか表わすということがほとんどないということです（特に社会的に弱い立場におかれている者に対して）。子どもは、甘えさせてもらえる優しさも、心配りしてくれる愛情ももちろん必要ですが、しかしそれと共に、否それ以上に自分に敬意をはらってくれることを求めていると思います。そうでないと、自分自身という存在（かけがえのない人格の尊厳を持った存在）の尊さが感じられなくなり、そうなると自他の能力、地位、所有などの比較・競争によって自己評価せざるをえず、真実でない自己評価、自己理解によって振り回されることになります。子どもは（もちろん大人もですが）、愛情だけでなく、敬意をはらってもらうことによって初めて心の底から満たされ、安らぐことができます。但し、子どもに敬意をはらうことはまことに難しいことですが、神聖な天命を持って生まれてきたと信じることによって、それができるようになると思います。

更にもう一つの「信」は、「この子どもは常に守られている」という、いわゆる「神仏の御加護」を信じることです。これは、宗教心そのものですが、仮に特定の信仰を持たなくても、このような「信」を持つように努めることが何としても必要であると思います。そうでないと、教育の本筋を全うすることはできないという気がします。

有名な話ですが、原ひろ子さんの『子どもの文化人類学』という本の中にカナダの極北に住むヘア・インディアンという種族のことが出てきます。彼らの生活には、三つのカテゴリーがあり、それは「働くこと」、「遊ぶこと」、「休むこと」の三つです。「休む」というのは少し分かりにくいですが、自分の守護霊と交信することだそうです。ところで面白いのは、子育てが、「遊ぶ」というカテゴリーに入っているということです。彼らには「教える」という言葉がないそうで、子どもは勝手に大人を真似て必要なものを覚えていくと考えられており、大人は教える責任はなく、ただ子どもと一緒に遊んでおればよいというわけです。それにしても極めて苛酷な自然環境の中で、(他に娯楽が余りないとはいえ)子どもの世話を「遊ぶ」という感覚でやれるのは大変不思議です。一つ言えることは、心配しても切りがない苛酷な自然の中では、運を天に任すしかない、つまりその子ども専属の守護霊の存在を信じるしかない、そしてその真剣な「信」によって安心感と遊ぶおおらかさが得られるのではないかということです。

今の我が国のように、いろいろ問題はあっても「神仏の御加護」を真剣に祈るというところまでなかなかいかない場合には、かえって子どものことを心配して過保護になったり過干渉になったりしがちです。「心配から」や「不安から」の育児、教育は、子ども自身が持っている生きる力や好ましい運命を認めないという意思表示であり、子ども自身もそう思ってしまうか、あるいは自分の力や「好運」を認めない親や教師に反発することになってしまいます。おそらく我が国も、昔は天災や社会的不安など、安全に暮らせる環境ではなく、「神仏の御加護」を祈る他ない暮らしであったと思います。そして「大難を小難に、小難を無難(無事)にして頂いている」という安心と感謝の気持ちから子育てもできたのではないかと思います。

以上三つの「信」は、言うまでもなく単に子どものためだけのものではなく、誰においても先ず自分自身のために必要なものだと思いますが、しかしそれは一人ひとりの人生観の問題であり、他人がとやかく言うべきことではないかもしれません。しかしもしも教育というものに行き詰まっているとすれば、この三つの「信」を深めていく他に道はないという気がしています。教育としてどこに力を入れればいいか分からないのであれば、教育以前の、この三つの「信」を深めることに先ずもって努めればよいのではないかと思います。「不安から」とか「心配から」ではなく、「安心から」、「喜びから」、「敬虔な気持ちから」、そして「感謝の気持ちから」子どもに接するならば、それは、子どもにとっても、親や教師にとっても何よりも幸せなことであり、しかもそれだけで既に教育の方向が見えてくると言ってよいかもしれません。

5話　教育の楽天主義

以前、大学のゼミの授業で取り上げたことのある育児書、小林登著『ふれあいの育児』の結びの所に、次のようなマヤ・インディアンの詩が紹介されていました。

生まれてくる赤ちゃんには、私たちの世界の未来があります。ですから、お母さんは、赤ちゃんをあなたの胸にしっかりと抱きしめて、人間は信頼できる、世界は平和であることを教えてあげなさい。お父さんは、赤ちゃんを高い丘の上につれていきなさい。そうして、世界はいかに広いか、そしていかにすばらしいかを教えてあげなさい。

何でもないように思われる詩ですが、しかしこれと、R・シュタイナーの次の言葉が、ある時私の中でしっかりと結びつきました。

・教師は、自然と人生のあらゆる美への案内人です。
・世界の豊かさ、すばらしさ、人生のすべての希望が先生の口から語られます。
・ヴァルドルフ学校（シュタイナー学校）の設立によって、人生は一層容易にはなりませんが、決定的に豊かなものになります。

そしてその時、マヤ・インディアンの詩とこのシュタイナーの言葉によって、日頃思っていたことが、大きく一つにまとまり、そこに教育の核心的な問題が見えて来たような気がしました。それは大体次のようなことです。

親や教師が、子どもに、この世界は何と豊かで、美しく、真実なものであるか、そして人生は何と希望に満ちたものであるかということを示し続けるならば、子どもは心から安心して、力一杯生きようとするでしょう。そして、この世界の素晴らしさを知ろうとし、又夢や理想を抱いていろいろなことに挑戦し、希望を持って精一杯努力するに違いありません。そのような子どもは、目を輝かせて心を開き、多くのものに出会い、驚き、感動し、そして更に親密さを覚えてこの世界に深く根差します。そして安心と喜びから、自分の持っているいいものをどんどん発揮し、伸ばして成長していきます。当然ながら親や教師や年長の者は、このような生き方のモデルとなり、子どもは生き生きと心身全体で模倣し、憧れているものを全て自分のものにしようとします。おそらくマヤ・インディアンの伝統的な教育観もシュタイナーの教育観もこのようなものではないかと思います。

実際シュタイナー学校では、例えば子どもたちの理科のノートの冒頭に、「自然よ、驚くために私は在る」という印象的な言葉で終わる、ゲーテの有名な自然讃歌の詩が掲げられています。そこでは、標準的な教科書はなく、教師自身が驚き、感動し、畏敬の念を抱く自然の不思議さ、素晴らしさが語られます。そして生徒は、心をときめかせてそのような話を聞き、思ったこと、又自分たちで心弾ませながら観察し、実験したことをノートに書きます。それぞれ皆違うそのノートが、その生徒の教科書になります。そのような学びを大切にするので、試験や、点数による評価はなく、又卒業してもらえるような「資格」もありません。点数や競争や資格のために勉強するのではなく、ただひたすら世界の素晴らしさをもっと知り、もっと体験しようとします。それは、「喜びから」の学びであり、真に身につく学びであると思います。そしてその充足感、自己肯定感から、自分の内にあるいいものがどんどん発揮され、成長していきます。このような教育への賛同者は増え続けており、この学校は世界中に広がっています。

ところで今の我が国では、親や教師は、子どもたちに、この世界がどんなに豊かで、美しく、真実なものであるか、そして人生はどんなに希望に満ちたものであるかということを示し続けているでしょうか。確かにそのような家庭もあるでしょうし、学校においてもそのような教師はいると思います。しかしおそらく大半はそうではなく、専ら次のような教育をしているのではないでしょうか。つまり、「子どもが社会に適応しうるように手助けするのが教育であり、子どもはそのような教育を受けて、社会に立派に適応するために頑張って勉強しなければならない」というような考えから教育をしているように思います。

このような教育は、見たところまことに妥当なものであり、それはまさに大人の当然の責務であると考えられていると思います。「学力」とか「生きる力」という言葉も、そういう考えの表れであり、実際「学力」や「生きる力」を身につけることが、勉強の大事な目標として自明のこととされています。又教育学において、子どもが社会に適応し、そこで生きていくためのいわゆる「ミニマム・エッセンシャルズ」（基礎・基本となる知識・技能）を合理的に選び出し、それを学校教育の中でどのように効率的に配列するかというカリキュラム論が重要なテーマになっています。

しかしこのような教育観、教育実践が果たして本当に妥当なものであると言えるでしょうか。先に紹介したマヤ・インディアンやシュタイナーの教育観と対比すれば、その違いの大きさが分かります。そしてそこに重大な問題がひそんでいるのが見えてくるように思います。それは大きく分けて、二つあります。

一つは、子どもは果たして、社会への適応に必要だからという理由で本気になって勉強するだろうかという問題です。大人でも、頭でその必要性が分かっていても、それですぐに実行に移せるというものではないと思います。但し大人の場合、これまでの沢山の経験と結びついて情意的なものが起こり、それが行動を促すということはあります。しかし子どもには、そのような経験が乏しく、頭で分かっていてもなかなか切迫した気持ちにはなれないはずです。

従って、「必要だからしなければならない」という勉強を子どもがするようになるには、どうしても何か外的な動機づけが必要になります。例えば試験をし、成績を出し、競争させ、その他いわゆる「アメとムチ」で勉強させることになります。そして子どもに忍耐や努力の大切さを説くことになります。ともかくこのようにしてでも子どもに勉強させることが大事であると、一般には考えられているように思います。そして確かに一定の成果も見られます。

しかし「必要から」の勉強は、やはり「無理筋」であり、本来の学びそのものの喜びはなく、結局我慢してやるものだというネガティブなイメージを持たせることになります。そして実際、試験や成績や競争という外的な動機づけが、いかに多くの子どもを勉強嫌いにしてしまっているかということも紛れもない事実です。もちろん「できる子」は、それなりに進んで勉強しますが、それが「必要から」の勉強である限り、本来の学びのようにこの世界の不思議さ、素晴らしさに驚き、感動して、心の豊かさ、生の豊かさになるということはないでしょう。

もう一つ、更に大きな問題があると思います。社会への適応に必要だから教育する、必要だから勉強するということが当然のようになり、そしてそのことが声高に叫ばれ、又特に受験教育、「受験戦争」として過熱化していくと、どうしても社会への適応に直接必要なことはするが、そうでないものは無駄であってしない、つまり社会への適応に有用なものは価値があり、そうでないものは価値がないという価値観が強まります。今、若者において「実学」志向、「資格」志向が強まり、「教養」的なものへの関心が薄れているのは、その顕著な一例でしょう。

しかしこのこととつながって、もっと大きな問題があると思われます。それは、社会への適応のために有用なものが、何よりも大きな価値があり、そういうものをどれだけ身につけるかということで、比較、競争が起こり、それによって人間の優劣、更には幸・不幸が決まるという、そういう「厳しい現実社会」イコール世界であるという、大変狭い、偏った「世界観」が強まるということです。そして実際、大人は、そのような「世界観」を子どもたちに対し、小さい時から示し続けているのではないかということです。もちろん直接にその通りのことを言うわけではないにしても、親や教師が、勉強はどうしても必要であるという切迫した思いから、子どもを教育する限り、暗にこの「世界観」を子どもにメッセージとして送り続けていることになります。そして当然子どもは、早くからそのような狭い、厳しい世界に生きていると思うようになるのではないでしょうか。

そうなれば、子どもたちにとって人生は一体どういうものになるのか……。おそらく今、我が国において起きている教育や子どもの困難な問題の多くは、このような

「世界観」に起因していると言っても言い過ぎではないという気がします。先に述べたマヤ・インディアンやシュタイナーが言っていることとは、まさに正反対のことになっています。これが、今の我が国の教育の根本的な問題ではないでしょうか。

しかし果たして今の我が国において、マヤ・インディアンやシュタイナーが言うような世界観を子どもたちに示すことができるのか、そのようなことをするのは、余りにも楽天的ではないかと言われるかもしれません。実はシュタイナーの場合、最初に学校を設立したのは、一九一九年九月、ドイツのシュトゥットガルトにおいてです。ドイツは、第一次世界大戦に敗れて、徹底的に打ちのめされた時期です。その時期にシュタイナーは、先に挙げたような言葉を語っています。要するに、シュタイナーはどんなに厳しい現実世界であれ、それを相対化し、それを超える世界観に立っていたということです。実際、シュタイナーは人智学という独特の世界観に立っていました。とすれば、問題は、果たして我々はこの「厳しい現実世界」を相対化し、それを超えるような世界観を持ちうるかということです。

或る有名な教育学者が、「私は本物の楽天主義者です」と言ったのを聞いたことがあり、それが大変印象に残っています。つまりどんなことがあっても、文字通り「天を楽しんでいる」というのです。これは、深い宗教心から出た言葉だと思います。実際その先生は、いつも開けっ広げで、実に明るく、温かい人柄でした。そして教育に対し、一貫して楽天的でした。他にも、自分の立場を楽天主義とは言わないにしても、実に楽天主義的に、つまり現実世界のただ中で、安心し、希望を持ち続けながら教育を語り、実践している人がいます。そういう人は、やはり深い宗教心から生きている人です。

繰り返し言ってきましたように、本当に生きた教育、生き生きした学びができるのは、マヤ・インディアンやシュタイナーのような「楽天主義」の世界観においてであると思います。そしてそのような「楽天主義」は、深い宗教性に根差していると思います。しかし普通、宗教の立場は、少し単純化して言えば、真・善・美の価値を直接肯定する教育の立場とは相容れないものであると思われているような気がします。確かに宗教においては、真・善・美に生きえないという人間の「有限性」の自覚の面が強調されます。それに対し、本来の教育においては、先に述べたように、真・善・美を追い求めて生きる喜びを何よりも大事にします。

とは言え、宗教においても、もう一つ別の見方からすれば、根本において真・善・

美に生きる力を「恵み」（ここでは取り敢えずこのように言っておきたいと思います）として与えられているという深い自覚から、その感謝と喜びによって真・善・美に生きることができるようになるのだと思われます。とすれば、宗教の立場は、子どもたちが真・善・美を追い求めて生きる喜びに無関心であるはずがないと思います。子どもたちがその自覚はなくても「恵み」として与えられているいのちの力によって力一杯生きているのを、宗教の立場から当然応援することになるはずです。それどころか、子どもたちがいのちの力によって力一杯生きているその純真な心に深く反省させられると思います。子どもたちは、やがて一人ひとり人生の苦しみの中で自覚を深めていくと思いますが、子どもがいのちの力に促されるまま真・善・美を追い求めて生きるのを応援するような楽天主義は、むしろ宗教そのものの立場ではないかという気がします

まだ甚だ漠然とした考えですが、このようなことを考えるようになりました。今後、更にこのような考えを深めていくことができればと思っています。

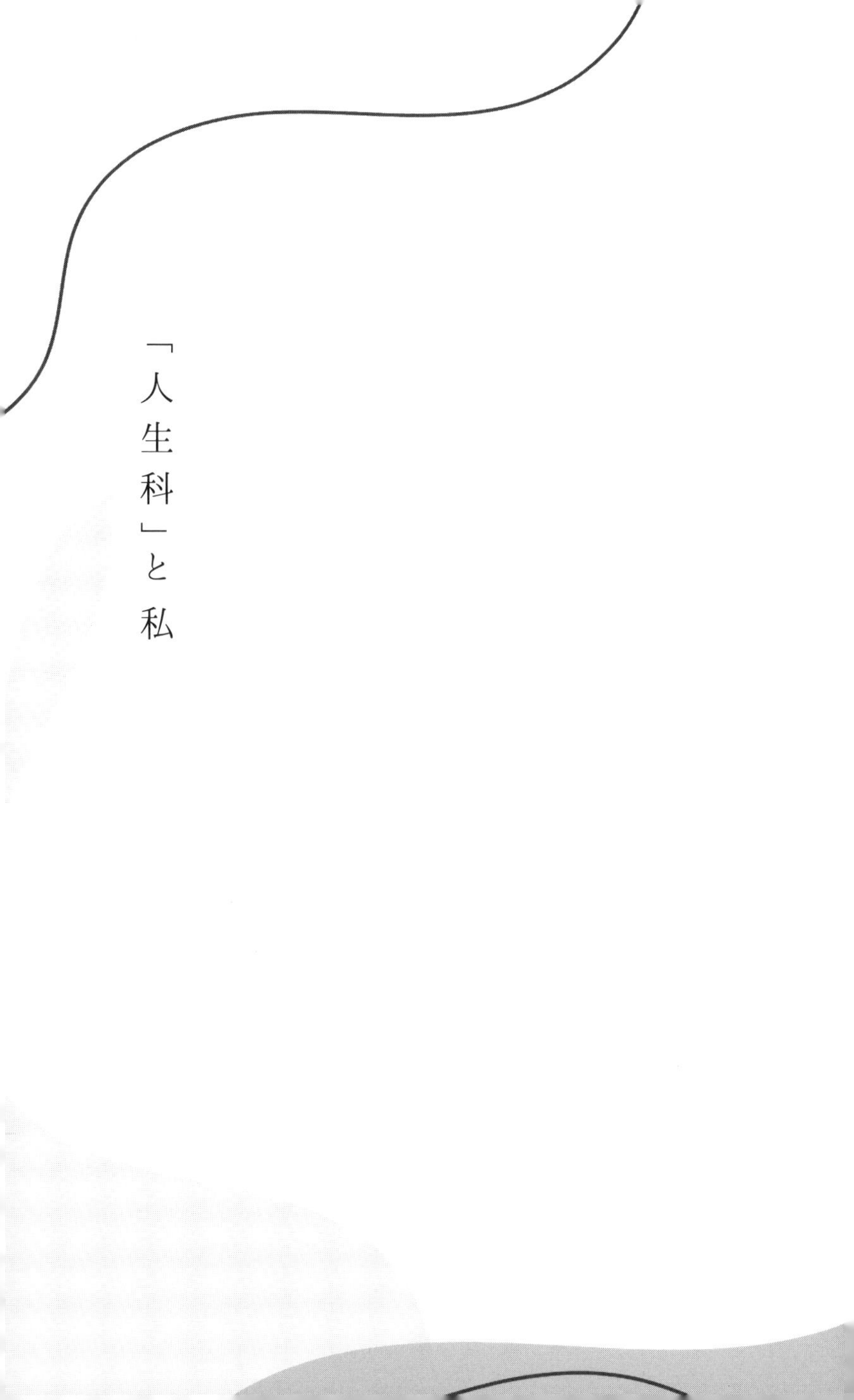

「人生科」と私

6話　くだかけ会合宿——「まごころ」と「いのちの世界」——

この夏も、神奈川県丹沢山中にある生活道場（くだかけ生活舎）で、くだかけ会主催の「山と森呼吸（しんこきゅう）合宿」というユーモラスな名の合宿が行われました。二泊三日の、参加者もそう多くはない、小さな集まりでしたが、今年は「生活を味わう」というテーマで、くだかけ会の原点に戻るような合宿でした。

今から三十数年前、在野の教育家である和田重正氏（一九〇七～一九九三年）が「家庭教育を見直す会」という民間教育団体を創始し、会は何年かして「くだかけ会」という名称に変わり、現在はNPO法人になっています。会の「主張と願い」は、大略次のようなものです。「近年、学校においても、家庭においても、点取り競争煽動の教育姿勢が、若者の最も肝心な人間の成長を犠牲にして顧みない状況にある。今すぐに学校教育を変革することはできないが、しかし少なくともそのことに気づいた家庭において、よい生活の確保ということに重点を置き換え、若者の生活意欲を盛んにし、生涯の幸せの基盤を築かせることができるのではないか」というものです。

　ここから当然、よい生活とはどういうものかを問うことが大事になってきますが、しかしそれと共に、やはりその前提として、人間とは何か、人生とはどういうものかを問い直し、そういう人間観、人生観の自覚を深めていくことが求められます。このような自覚を深めていくことは、実は創始者の和田重正氏が、もともとはじめ塾という私塾で子どもや若者と共にやってきたことですが、それをどの家庭でも、そしてどの学校でも、例えば「人生科」というような形でやっていくことが何よりも願わしいと考えられています。くだかけ会は、このように「よい生活」という具体的課題を常に持ちつつ、同時にその前提として、それぞれの人間観、人生観を少しでもより真実なものへと深め合っていくことが目指されています。

　この合宿は、普通やられているような、短期間に集中して何かをやって成果をあげるというものではなく、ハードなスケジュールやノルマなしに、全くあたりまえの生活を味わい楽しむというものです。とは言っても、確かに合宿らしきものもあります。朝は少し早く起きて、手分けして掃除した後、全真堂という坐禅堂風の建物で二十分ほど「正坐」をします。これは、岡田式静坐法に近いものですが、子どもにもできるように和田重正氏が分かりやすく坐り方を説明した文を毎回最初に読みあげて坐ります。もう一つは、朝と夜に一～二時間「人生科」の時間があり、誰かが話をして、それを聞いて皆で話し合うというものです。

この二つがいわゆる合宿らしきものですが、しかしこれも含めて「よい生活」であるとも考えられます。年齢もやっていることもまちまちな男女が、自発的にそして必要に応じて補い合い、助け合って、ごくあたりまえの生活をし、それを味わい、楽しむという合宿は、やはり大変珍しいのではないかという気がします。但しこれだけでは漠然としているように見えますが、しかし実際、大変恵まれた自然の中で、男性も女性も、年輩の者も若者も同じように、ともかく体を動かして、拭き掃除をしたり、薪でかまどの御飯を炊いたり、ニワトリの世話や畑仕事をしたりしているうちに、それだけで不思議に十分満たされた気持ちになってきます。

但し、このような一昔前のような生活は、今日普通にはなかなかできないものですが、しかしいわば「大地につながった生活」、「雑然としていて和やかな生活」を味わい楽しむことによって、「よい生活」への方向性のようなものを感じとることができます。

ところで、合宿一日目の夜、「人生科」の時間に、現在くだかけ会代表の和田重良氏（故和田重正氏のご子息）が「苦楽一如」というテーマで、今は若者や子どもで苦しんでいる者が多いという話から、「いのちの世界では楽しみの中にも苦しみの中にも悦びがある」（和田重正）と言われるような、そういう悦びがあるのではないか、ということを具体的にいろいろと話されました。

合宿二日目の「人生科」の時間は、私が話すことになり、以前この会から出版してもらった『いのちのシャワー〈人生・教育・平和を語る〉』の中の「まごころのよろこび」という、次のような短いエッセイを先ず自分で朗読しました。

最近、ある人から「まごころは、その人自身にとって既にそれだけで喜びだ」ということを聞いて、なるほどと感心させられました。確かに、〝まごころ〟で何かすることが出来た時、そうすること自身嬉しいというか、喜びであるというところがあります。その喜びは、〝まごころ〟自身から出て来るのでしょう。他人にほめてもらったり、感謝されるというのも、もちろん嬉しいことですし、又努力して何か達成出来たという時も満足出来ますが、それ以外に〝まごころ〟自身の喜びのようなものがあるようです。…中略…

和田重正先生の『人生科Ⅰ　自分を生きる』の中に、「人間というものは外側はそういうふう（自己中心的）にできているから、しょうがないけれど、その外側がだんだん稀薄になっていくのが、人間的成長ということで、人間の成長はそういう所に表れて来る」とありますが、ここで外側とか、それがだんだん稀薄になっていくのが成長であるという言い方は、大変印象的です。

普通、例えばタテマエとホンネと言われる時、ホンネは内側のものと思われていますが、しかしこのようなホンネは、たとえ強烈なものであっても、実は外側のものであるということでしょう。そしてそれと別に、もっと内側のものがあり、それは、〝まごころ〟とか〝本気〟、〝本心〟と言われるものでしょう。成長というのは、外側（自我の殻のようなもの）がだんだん薄れて、内側がはっきりしてくる（と共に他とのつながりが感じとれるようになる）ということですが、そこには何にもかえられないような喜びがあるのではないでしょうか。

以上の箇所を朗読した後、次のような話をしました。

まごころ（真心）という言葉は、少し古めかしいですが、しかしとても面白い言葉だと思います。辞書によれば、「いつわりや飾りのないありのままの心・気持ち」と「誠心誠意他にほどこし尽くす心」という二つの意味がありますが、この二つの意味が分けられないものとして一つの言葉で言い表されているのは、おそらく他の言語にはないのではないかという気がします。ともかく普通の日本人ならこの言葉の意味を実感として感じられるのではないでしょうか。

和田重正先生は、『人生科Ⅰ　自分を生きる』の中で次のように言っています。

お釈迦様もキリストも、多分そうだろうと思います。道元さんも、盤珪さんも自分の正体をつきつめて行った人は皆、自分の正体は我々の目に見えているような別々なものではない、ということをつきとめているのです。どうも、自分と他人の境はないというのが本当らしいのです。私も自分の若い頃、どう心得、どう考えて生きていったらよいのか考え、長い年月そんなことに関わっていた時代がありますが、結局自分と他人とは別物ではないというところに至って、ようやくその問題から解放されたことがあるのです。境目なし説ならば、一体といえばよさそうですが、一体という言葉から受ける感じと少し違うので、言いようがないからこういう言い方をします。

我々は、このように「自分と他人と別物ではない」とか「境はない」と言われても、なかなか実感としては感じにくいかもしれません。しかしまごころにおいては、相手との間に隔てがなく、境とか枠がないということを実感することができます。母親にとって自分の子どもの喜びは、そのまま自分の喜びであり、自分が食べなくても子どもが美味しく食べるのを見ているだけで、自分が食べた以上に満たされるということがあると思いますが、これはまさに母親のまごころというものでしょう。但しまごころは、自分と相手が単に一体化するというものではなく、まごころが深いものであればあるほど、相手のかけがえの無さも自分のかけがえの無さもより深く感じられるようになり、しかもより隔てのないものになるのではないでしょうか。

ところで、和田重正先生は又、「ケチな根性」という言葉を、エゴイズムとか利己心という言葉の代わりによく使っています。ケチという言葉は、まごころという言葉と同じように日本人にはその意味が実感としてよく分かるからだと思いますが、しかしそれだけでなく、語源的にケチメから来ているという説があって、まさに「境をつくる」、つまり自他を分け隔てて、取ったら得、取られたら損とか、自分のモノや労力を出し惜しみするというエゴイズムの本質を言い当てているからだと思います。

和田先生は、塾で語ってきた話を集めた『あしかび全集』（全五巻）の最終巻の「あとがき」で、次のように述べています。

私の人生観の骨子は、本文中でご覧の通り、「ケチな根性」という見せかけの自分に騙されないで、真心という全宇宙的基盤から催されて来る力に素直に従って生きるのが一番安心で、一番賢く、一番幸せなのだ、ということです。

和田先生自身は、「絶対遁（のが）れ得ない死に迫られて、日夜口にも文字にも表しようのない苦しみ」に陥り、「とうとうある時いよいよ切羽詰ってもがく力もなくなったとき」、いわば「死の中から見た」いのちの世界は、これまで自分が勝手に思っていた世界（自他対立の世界）ではなく、まさに自他の境のない「いのち・やすらぎ」の世界であったと言われています。

我々は、このような「いのち・やすらぎ」の世界の中で生きている、もっと言えば生かされているということを実感として感じて、すっかり安心するというわけにはなかなかいきません。ただ、前にも言ったように、「全宇宙的基盤から催されて来る力」であるまごころを実感として感じることはできます。和田先生も、次のように言っています。

それ（悟りに達する）には坐禅も結構だけども、当たり前の日常生活を一所懸命やればいいじゃないかと思われてならない。余計なことによそ見せず、今自分のやれること、手の届くことを純粋に一所懸命やっていればよい、そのうち手の下の茶碗の中に、竹箒の下に、自分とこの世界のいのちの実相を見るだろう。——それが悟りであろうが無かろうが、何しろ絶対安住の地を得さえすればいいじゃないか。私はそう思っているのです。

（『宗教談話集　極楽　ちえのせかい』）

「当たり前の日常生活を一所懸命やればいい」というのは、「まごころを尽くして」

とか「まごころ丸出しに」して生きればいいということと同じだと思いますが、それが一番安心で、一番賢く、一番幸せであり、まさに「いのち・やすらぎ」の世界に生きることになるということでしょう。

「まごころは、その人自身にとって既にそれだけで喜びだ」という言葉を先に紹介しましたが、確かにまごころは、義務でも自己犠牲でもなく、仮にほめられたり、感謝されたりしなくても、まごころを尽くすこと自体が喜びであり、それは、「いのち・やすらぎ」の世界の味わいだと言ってもよいのでしょう。

「よい生活」とか「生活を味わう」というのも、まごころを尽くすことによって、いわば宇宙大に広がり、深まるものだと言えるかもしれません。

いささかごたごたした内容でしたが、このような話をしながら、私自身も又新たにいろいろな課題に気づいたような気がしました。

7話 グループ農園――土に親しみ、人情を味わう――

宗派や教団に属さず、自ら体験した宗教的真実を子どもや若者に語るという実践をしてきた、在野の教育家である和田重正氏の、いわば愛読者グループが一九八〇年頃から各地に生まれ、大阪にも小さなグループが誕生し、私もその中に入れてもらいました。始まってしばらくして、わりあい交通の便のよい、豊中の私の家で月一回、読書会をするようになりました。それは、和田先生（以下、このように書かせて頂きます）の著作の中でも、メンバーの間で特に人気のあった『山あり花咲きて父母いませり』という本を毎回少しずつ輪読して、互いに感想を述べ合うというものでした。

この本は、和田先生のご両親をはじめ、人生において出会った人々、又自然や人生について、折々に書かれたエッセイを集めたものですが、本の題の「山あり花咲きて父母いませり」は、象徴的な意味もありますが、又和田家の本家があり、和田先生が少年時代に過ごした奈良の御所市楢原のことであることも読んでいて分かってきました。そこは、葛城、金剛という二つの美しい山があり、その山麓に和田家の広い農場が広がっていて、その傍の九品寺（くほんじ）というお寺に和田先生のご両親の墓があるからです。

そういうことを知って、皆で一度行ってみたいなという話をしていましたが、数年経って、我々のことを聞かれた本家の和田さんの方から、「農場に一度遊びに来ませんか。そしてもしよかったら農場を使って下さい」という思いがけないお誘いを頂いて、早速一九八五年五月の連休の一日、ハイキングのような気分で農場に寄せてもらいました。

この楢原の農場は、いわゆる大和三山を一望できる大変見晴らしの良い所にあり、東の「山の辺の道」に対し西の「葛城古道」と言われる古道が農場の中を通っています。周辺には、古事記や日本書紀に登場する神々がまつられている神社やお寺、古墳が沢山あり、メンバーの中にはここは清らかな「気」が感じられるという者もいました。そして何よりも和田家の皆さんに温かく歓迎してもらい、我々はすっかり寛いで、こんな所で農園をやらせてもらえたらいいな、という思いがふくらみ、お願いしたところ、快諾して頂いて、しかも農場の一番景色の良い所を使わせてもらうことになりました。

早速その月から、読書会が「農作業と人生科」の会に変わり、それ以来ほとんど休みなく続いて、この五月の連休でちょうど二十五年目になります。毎月第一と第三の日曜日、朝十時半から午後四時半頃までと一応申し合わせています。現在のレギュラー・メンバーは、七名ほどですが、二十五年の間には亡くなられた方や遠くへ引っ越しされた方、あるいは偶然知って入られた方等、いろいろ入れ替わりがありましたが、ともかく不思議にその都度必要な助け手が現れて続いてきたように思います。日によっては、一人とか二人の時もありますが、多い時は二十数人ということもありました。それこそ老若男女、まさにいろいろな顔ぶれで、子どもが多い時は、農園リーグと称してソフトボールの試合をしたり、又釜ヶ崎でボランティアをしているメンバーがお連れした断酒会の方々や、学校や家庭で問題を持っている人たちに農園で活躍して頂いて、気分転換をしてもらうこともありました。

始めの頃は、和田家の離れの部屋で休憩させてもらっていましたが、そのうち、バスの廃車が安く買えるという話を聞き、それは面白いということで、早速購入して農園まで運転して来てもらい、そして休憩所兼物置になりました。その頃、偶然に来られたKさんは大工仕事が得意で、農作業より専らバスの改装に専念して、ずいぶん使い勝手のよい〝部屋〟にしてくれました。

それから十年少し経って、メンバーの一人が少しまとまったお金が入ったということで、それと有志のカンパで小さなログハウス（八畳位の部屋と、同じ位の広さのテラス）ができました。そのテラスに坐っていると、大和三山が真正面に見えるので、さんさん（三山）亭（お日さんの「燦燦」と人々が「三々」五々集まるという意味も込めて）と名付けました。その後、もう一回り小さい、トイレと更衣室のログハウスもでき、倉庫専用のバスも含めて、一応必要なものが揃いました。

畑は、我々にとって少し大きめの五百坪ほどの所をお借りしましたが、やはり大きいのでトラクターも借りて、耕したり、畝を作ったりしています。最初の頃、農場にはまだ牛が飼われていたので、牛糞が十分に畑に入っており、ほとんど肥料無しに、全く素人の我々でも思いの外収穫があり、こういうこともあって、長続きすることになったと言えるかもしれません。

ともかく素人ばかりで、しかも月に二回しか来ないので、それでもできそうな野菜を作ることにしましたが、しかし何でもやってみようという積極的なメンバーもいて、いろいろ挑戦もしました。そしてやってみて、確かに失敗も沢山ありましたが、しかし意外にいろんな種類の野菜ができることも分かってきました。思いがけない豊作の時も、又不作の時もありますが、ともかく文字通りのお土産として、必ず旬のもの、取り立ての新鮮なもの、ほとんど農薬を使わない安全なものを持って帰ることができるのは有難いことです。

始めてから少しして、お米（モチ米）も作らせてもらうことになり、百坪ほどの田をお借りし、和田さんにお世話になりながら、我々のやれるところは、昔ながらの手作業でやり、多い時は百五十キログラムほど収穫できました。天日干しをし終わって、その一部をその日のうちに精米までしてその新米を家に持って帰り、早速炊いて、頂くと、まるでお日さんの香りがするような気がし、又ほんのりと甘く感じられ、他では味わえない贅沢をしたような気分になったものです。ただし最近は、事情でお米の方は休んでいます。

ところで、始めた頃、農園の案内のチラシを作ろうということになり、キャッチフレーズと趣旨のようなものが必要になってきました。何かいいものはないかと考えているうちに、ある時、農園の帰り道、お土産を一杯詰めたリュックサックを背負い、夕陽を背にして歩いていると、いつの間にか自然に皆で「夕焼け小焼け」の合唱になり、すっかり童心にかえっていました。それに気づいて、皆で大笑いしましたが、その時メンバーの一人が、そうだ！「農作業をしながら子どもにかえろう」にしよう、と言い、その一言でキャッチフレーズが決まりました。そしてその後すぐに「趣旨」も決まりました。「葛城山麓の見晴らしのよい農場で、各種の野菜づくりをしながら、自然に親しみ、協同作業を楽しみ、『新鮮な自己（うまれたてのじぶん）』にかえる」というものです。この最後の「新鮮な自己（うまれたてのじぶん）」という言葉には由来があります。和田先生が主宰していた、寺子屋と称する塾の合宿所一心寮（現くだかけ生活舎）の「心得」として言われている言葉があり、それは「日頃下界の生活でくっつけたケチな根性というアカのため、どれが本当の自分かわからなくなっているのを、サッパリとそのアカを落として、せいせいとした『新鮮な自己（うまれたてのじぶん）』として生きる」というものです。又更に次のように言われています。「みんなは自然の中で思い切り手足を伸ばして大いに楽しんでくれさえすればよいのです。そうすることが新鮮な自己に生きていることなのですから」。

これは、メンバーの誰もが求めていることであり、しかも無理せず、むしろ楽しくやれそうだ、ということで、この「新鮮な自己（うまれたてのじぶん）」という言葉を拝借することにしました。

ところが、この「案内」ができて間もなく、和田先生の『おとなになる』という本が出版されました。この本は、子どもや若者に対し、真の大人とはどういうものか、そういう大人になるにはどうしたらいいか、ということが書かれたものですが、しかしこの本は、我々大人にとっても、まだまだ大人とは言えない、むしろ一生かかって大人になっていく他はない、と思わせるものでした。

それで、「子どもにかえろう」とか「新鮮な自己（うまれたてのじぶん）」と「おとなになる」は、どうも言葉の上で矛盾するので、困ったことになってしまったのですが、しかしおそらく和田先生にとって、この二つは、本質的に一つになっているはずであり、又ごく単純に考えても、子どもの無邪気さと、例えば肝っ玉母さんの太っ腹や気前のよさとは、矛盾しないし、むしろ両方がある方が良いということで、両方ともそのまま大切にしようということになりました。

このようなキャッチフレーズや趣旨と共に、我々の農園では、始めからこうしたいと思うことがありました。それは、和田先生の一心寮がそうしているように、なるべく規則を作らないようにしようということでした。実際には集まる日や時間等、申し合わせをしたり、又会計係もいますが、しかし参加費も一応目安のようなものはあるものの、結局カンパのような形でやっています。メンバーもどこからどこまでかということもはっきりしていません。要するに自由に伸び伸びと自分のしたいことをする、お金も労力も出せる人は大いに出す、出せない人は出さなくてもいい、そして自分がしたいこと、できることをして補い合い、助け合う、そういう楽しみを大いに追求したいということでした。

それにもう一つ、なるべく開かれた、誰が来てもいいような農園にしたいという願いがあって、実際には難しいこともありますが、しかしそれを規則のようなものでなく、いわば「みんなが楽しく」という「人情」でやっていきたい、そういう人情を味わい、楽しみたいというものでした。

ともかくこのようなことをやってみて、まさに子どもの無邪気さと肝っ玉母さんの太っ腹、気前のよさの両方が、この農園にまことにふさわしいモットーであることが分かってきました。

今、我が国では、農家の後継者難の問題が深刻になっており、確かに農業は、生業（なりわい）

としてはいろんな意味で大変だと思います。しかしもしも普通の市民の多くが、週に一度でも土に親しみ、自然の恵みを味わえる、スローフードを更に生産にまで広げたような生活ができれば、専業農家も少なくてすむのではないか、というような夢のようなことを思いつつ、ともかく農作業は、生業としてでなく、楽しみとしてやるなら、おそらくこれほど面白い、又いろんな面でプラスになるものも少ないのではないか、できれば少し大きいめの畑で、大地に触れるという実感を持ってやれるなら、これはまことに気持ちがよく、又当然心身にとって健康的であり、又「大地に根差す」と言えるような落ち着きや安心感も得られるのではないかという気がしています。

今の時代、足が地に着いていないような生活をしがちな我々にとって、このような大地に触れることは、ひょっとして心身の一番深いところで求めていることかもしれません。というのも、まことに地味な楽しみですが、しかし深い充足感が感じられるからです。もしもこのような深い充足感を味わう人が増えていけば、今の社会のいろいろな問題も少しは解消されていくのではないかという気さえします。

少し大きめの畑でやっていて、もう一つ思うことは、農作業と言ってもすることは一杯あるということです。メンバーの一人に、「百姓」というのは、実に沢山の違った種類の仕事をするからそう言われるのだと教えてもらって、なるほどと思ったことがあります。作物のお世話をはじめ、土木工事、大工仕事、力仕事も細かな仕事も、一人でやるもの、大勢でやるもの等、いわば全人活動であり、又いろいろ出番があって、グループ活動としても実に面白いものです。そしてこういうものは、規則とか義務とかでなく、融通し合い、「人情」でやっていく方が、確かに円滑で、楽しくやれます。ともかくこのようなグループ農園で、今の時代、不足しがちな「人情」も大いに味わえるのではないでしょうか。

もしもこういうことをいろんな所でいろんな人たちが、それこそ無邪気に、そして気前よく楽しむことができたらどんなにいいだろう、という夢を見つつ、幸いにも二十五年間、この贅沢な楽しみを味わいながら農園を続けてくることができました。

8話 ゼミナール「人生論入門」

長年勤めている（今は非常勤講師としてですが）神戸女学院大学には、教養科目の一つとして、「ワークショップ」という種類の科目があり、そこでは教員が学問分野にしばられず自由にテーマを掲げ、受講希望の学生が集まって、ゼミのような授業をしています。

私も「ワークショップ（人生論入門）」というものを十数年（非常勤講師になってからも）担当しています。シラバスの「科目の概要」は、次のようなものです。

「自分探し」や「生涯の学び・成長」とはどういうものかについて先ず考える。その後、生き方を深める手掛かりとなる古典や現代のユニークな人生論をテキストにして、考えたことを自由に話し、聞き合い、それぞれの自覚を深める。

これは、少人数で行なうので（上限二十名）、希望者が多い時は抽選になりますが、最近はちょうどいい位の人数になっています。やはり新入生が多いですが、他の学年からも参加者があり、しかもいろんな学部・学科から集まってくれるので、ゼミ形式の授業としてはユニークなもので、学生にとっても新鮮な感じがするようです。この「ワークショップ」をどのようにやっているか、ということですが、シラバスに記したように、毎回何かテキスト（古典や現代の人生論から面白そうなものを十五分位で読めるように抜粋・編集し、プリントしたもの）を用意し、それを先ず各自で読んでもらい、私の方で少し説明した後、参加者が自由に感想や意見を言い、それを皆で聞くというものです。

「人生論」は、正解や結論があるわけではないので、ディスカッションやディベートをするのでなく、各人の率直な意見を皆で聞き、できれば聞いた人がフォローして深めたり広げたりするというようにしています。私も一人ひとりの意見を受けとめ、フォローするよう心掛けています。そして実際しばしばAの発言者と私、Bの発言者と私というように発言者と私の対話が次々と続きます。それを皆が聞き、それぞれに得るものがあれば、と思っています。

ところで、自由に意見を言うといっても、率先して言ってくれるということがそう多くはないので、次のようなやり方をしています。五人位で一つのグループをつくってもらい、各グループでその日に発言する人を決めます。大体四グループ位できるので、そこから一人ずつ発言して一回りし、時間があれば二回りするという具合です。そして当然、いろいろ意見を持っていても発言しない人もいるので、その授業の最後に（十分間位）、発言した人も含めてミニ・レポートと称してその授業で感じたこと、考えたことを書いてもらい、次回に幾つか紹介することにしています。

そのミニ・レポートの中に、その日のテーマ以外のことで次のように書かれたものがありました。（〈　〉内は意見の要約）

〈大学の授業で、「人生論入門」があるとは思わなかった〉〈「キリスト教概論」（必修）とは違った、聖書の取り上げ方があることを知った〉〈友だちと人生について話し合ったことがないので、友だちがこんなことを考えていたのか、ということが分かって驚いた〉〈皆の前で自分の意見を言うのはとても苦手だったが、段々慣れてきて自分の意見が言えるようになったのが嬉しい〉

この最後の感想については、次のようなことがあるからかなと思います。一つは、テーマが誰にとっても、自分の経験から何か言えるようなものだということです。もう一つは、ディスカッションやディベートというのは、何を言っても相手から批判されたり、否定されたりして、自分の意見の真意を受けとめてもらったという満足感がありません。従って安心して率直に自分の意見を述べようという気にはならないと思います。しかし自分が言ったことを皆が聞いてくれ、そして更に肯定的にフォローしてくれるとすれば、話すことの真の満足感が得られ、又話をしようという気持ちになってくれるのでは、と思います。少なくともこの二つのことが理由として考えられるような気がします。

ところで、最近少し面白い授業があったので、ここで紹介させて頂きたいと思います。それは、聖書の中の、よく知られた「マルタとマリア」の話をめぐってのものです。

先ずはじめに、聖書（新共同訳）の次の箇所を皆に読んでもらい、少し背景を説明しました。

一行が歩いて行くうち、イエスはある村にお入りになった。すると、マルタという女が、イエスを家に迎え入れた。彼女にはマリアという姉妹がいた。マリアは主の足もとに座って、その話に聞き入っていた。マルタは、いろいろのもてなしのためせわしく立ち働いていたが、そばに近寄って言った。「主よ、わたしの姉妹はわたしだけにもてなしをさせていますが、何ともお思いになりませんか。手伝ってくれるようにおっしゃってください。」主はお答えになった。「マルタ、マルタ、あなたは多くのことに思い悩み、心を乱している。しかし、必要なことはただ一つだけである。マリアは良い方を選んだ。それを取り上げてはならない。」

（ルカによる福音書一〇章三八節〜四二節）

これを読んで、何でも自由に言ってほしいと言ったところ、思いがけなく次々と率直な感想を言ってくれました。〈イエスが依怙贔屓しているようでマルタがかわいそうだ〉〈イエスはご馳走をよばれに来たのではなく、二人の姉妹に話をしたかったのではないか〉〈マルタもイエスの話を聞きたいはずだから、マリアはマルタを手伝って早くご飯の支度を済ませ、二人でイエスの話を聞けばよかった〉〈イエスはマルタに叱るような言い方をせず、先ずもてなしをしてくれることに感謝して、その上で

「マリアは今、私の話を聞くことを必要としている心の状態だから、そっとしておいてあげてほしい」と言えばいいのに〉〈聖書では、この話の直前に、「善いサマリア人」の愛の実践を称賛しているのに、ここでは打って変わって、愛の実践（もてなし）をしているマルタを責めて、そうしないマリアを善しとするのは納得できない〉等々。

私は、このような感想や意見に対し、「そう言われると、確かにそのような気がする。しかしこの話が、人々の間で伝承され、聖書にのっているということは、何か大切なメッセージがあるからではないか。そういうものは何か考えられないかな。」と言って、もう一度発言を促しました。皆しばらく考えていましたが、そのうちMさんが、思いがけないような意見を言って、正直私もびっくりしました。今まで聞いたこともない考えで、しかも実にまともな、そして深い解釈なのですっかり感心しました。Mさんの意見は次のようなものでした。

〈この話は、「隣人愛」を実践して称賛された「善いサマリア人」の話の続きとしてあるのだから、やはり「隣人愛」をテーマにした話として読めるのではないか。マルタは、イエスの「隣り人」（一番近くにいる者）として一所懸命イエスをもてなした。

それは「隣人愛」の実践として素晴らしい。しかし、それと同じように、やはり「一番近くにいる」マリアに対しても「隣人愛」を実践すべきだった。だからマリアにとって一番大事なこと（イエスの話を聞くこと）を認めて、そっとしておいてあげてほしい、とイエスはマルタに言ったのではないか〉

私は、思わず次のように言いました。「このような解釈は、今まで考えたこともなかったので、びっくりした。すごくいい意見だと思う。『善いサマリア人』の話は、いわば犬猿の仲にあるユダヤ人が追いはぎに襲われて倒れているのを見て、サマリア人が助ける話だけど、マルタとマリアは、反対に一番親しい間柄で、仲良しのように見えて、実はこれも又違った意味で（特に今のような話の場合）「隣人愛」の実践がとても難しいということを聖書はちゃんとおさえているわけだね。」

このようなことを言っていると、今度はNさんが又全く違う意見を言って、皆、驚いてしまいました。Nさんは、次のように言いました。

〈マルタもマリアも、イエスに対し恋愛感情に近いものを持っている（聖書の他の箇所に出てくるマルタとマリアの話――授業のはじめに説明したもの――を踏まえて）。イエスはマリアのそういう気持ちを十分に受けとめ、それにしっかり応えている。そして一方、イエスがマルタに言った「多くのことに思い悩み、心を乱している」という言葉も、「私のことを一所懸命思ってくれているんだね、有難う」と言おうとしているので、やはりマルタの気持ちも十分受けとめ、しっかり応えている。その上で、「あなたの妹のマリアも、あなたと同じように私のことを思ってくれている。だから、どうかそのままにしておいてあげてほしい」と、やさしくマルタに言ったのだ。イエスは、二人の愛をこのように真に受けとめ、応えているので、二人共納得し、満たされていると思う。ここにイエスの大きな、温かい心を感じる〉

これも全く初めて聞く解釈で、イエスもマルタもマリアも誰も悪いということがなく、三人共好意的に受けとめられており、しかもイエスの大きな愛がはっきりとイメージできて、実にいい意見だと思ったので、その通りのことを皆に話しました。

そして最後に、私の「解釈」も付け加えました。「MさんもNさんも、実にいい意見を言ってくれたので、私としてはもう言うことはないような気もするけど、一応考えていたことを言わせてもらいます。私の解釈が特にいいというわけではなく、又違った視点もあるということを知ってほしいと思うので……。イエスは、マリアに対しマルタを手伝うように、と言わなかったわけだけど、マルタに対しても又、台所の仕事は早くやめて私の話を聞くように、とは言わなかった。イエスが言いたかったのは、多くのことに思い悩まず、今、ここで自分にとって一番大事だと思っている一つのことをひたむきに一所懸命やればいい、ということかなと思ったんだけど……。しかしどうも自信がなくなってきたなぁ。ともかく今日はとても面白かった」というようなことを言って、一応話は終わり、後はいつものようにミニ・レポートを書いてもらいました。

それを読むと、私の解釈に賛成してくれる人もいましたが、それは少数で、後は、〈聖書は、いろんな読み方ができるということを知って、大変面白かった〉〈聖書も、結構私たちと同じようなことを考え、同じような気持ちの人がいるということが書かれていて親しみを覚えた〉〈友人が、すごくいいことを言うので感心した〉等でした。

この授業があってから、受講者はそれまで以上にのびのびと面白いことを言ってくれるようになりました（時には脱線気味の場合もありますが）。しかし何と言っても、私自身が一番こういう授業を楽しみ、又一番いろいろ学ばせてもらっているような気がして、大変有難いなと思っています。

9話

授業――「自分を生きる力」をめぐって

現在、大学で担当している科目に、「現代教育思想」という授業があります。科目名は少し堅苦しいですが、受講者に、現代において我々が生きていく上で、根本にどういう問題があるかを考えてもらい、その問題を教育において克服しようとしている思想や実践を紹介して、それを手掛かりに本来の教育は何かを一緒に考えようというものです。

最初の数時間は、「現代における人間の問題」として、今特に大きな問題であると思っていることを話していますが、その後は、文献やビデオ等で具体的に、例えば留岡幸助・谷昌恒校長の北海道家庭学校、小林宗作校長のトモエ学園、斉藤喜博校長の島小学校、伊那小学校の総合学習、きのくに子どもの村学園、R・シュタイナーの自由ヴァルドルフ学校、和田重正氏の「人生科」等を順次紹介し、今、真に求められている教育は何か、を考えてもらうことにしています。

これらの教育実践は、受講者にとって、これまで自分たちが学校で受けてきた教育と比べて、余りに違っているので驚くようですが、このような教育は特殊で、偏ったものだとか、あるいは理想であっても現実には難しいと言って、それですますのではなく、本来教育というものは実に大きな、奥行きの深いものであり、こういう実践を手掛かりにして本当の教育はどういうものかを考えてほしいというように話していきます。

ところで、最近（この何年か）、最初の授業で「現代における人間の問題」として次のような話をしています。それは、少し変な言い方ですが、「自分を生きる力」というものが失われようとしているのではないかということです。今は、学校教育で「生きる力」を育てるということがよく言われ、それが教育の目標のようになっている気がしますが、しかし「生きる力」として考えられている、確かな学力とか、問題解決力、協調性、たくましい身体等は、いつの間にか社会における適応力や競争力というものに収斂されていく傾向があるような気がします。個々の「生きる力」は、確かにどれも必要なものですが、しかし、だからと言ってそういう「生きる力」だけに力を入れていると、ある意味でもっと大事なものが見落とされてしまいます。それは、「自分を生きる力」（「主体的に生きる力」、「自分らしく生きる力」）とでも言えるものです。これは、現代に生きる人間において失われようとしており、又学校教育においても等閑（なおざり）にされがちです。

「自分を生きる力」とはどういうものか、いろいろ考えられますが、授業では、特に考えてほしいものとして「三つのカン」を取り上げています。それは次のようなものです。

一つ目のカンは、感性、感動の感です。今は、知識、情報があふれ、それに頼って生きることが多くなっていますが、確かにその方が便利であり、又どうしても必要なこともあります。それは主として知的なものですが、感性を働かせるものももちろんあります。しかし情報の多さと我々の多忙さのために、知も感性もどんどん浅いものになり、ただ生きることはできても、「自分を生きる」ことは難しくなっています。「自分を生きる」にはどうしても深い知と感性が必要ですが、その際、知を深めるためにも、生き生きした感性が重要になってきます。

相田みつをさんは、『一生感動、一生青春』という本の中で次のように言っています。「人間を根底から動かすものは……全身の感動であり、腹のそこからの納得であると思います。……感動は他から強制されるものでも、命令されるものでもありません。あくまで自分自身、つまり命そのものから出てくるものです。……感動こそ人間が人間として生きている証しだと私は思っております。」このように感動は、最も深く、生き生きと「自分を生きる」ことに他ならないと思います。

地球の汚染・破壊の最初の告発者として知られるレイチェル・カーソンは、『センス・オブ・ワンダー』という本の中に、祈るような思いで次のような美しい言葉を残しています。「生まれつきそなわっている子どものセンス・オブ・ワンダーをいつも新鮮にたもちつづけるためには、わたしたちが住んでいる世界のよろこび、感激、神秘などを子どもといっしょに再発見し、感動を分かち合ってくれる大人が、すくなくともひとり、そばにいる必要があります。」訳者の上遠恵子さんは、センス・オブ・ワンダーを「神秘さや不思議さに目を見はる感性」と言っていますが、これは現代に生きる我々に何としても求められているものであり、又特に教育において何よりも大切にされる必要があるということだと思います。「『知る』ことは、『感じる』ことの半分も重要ではない」と言い切っているほどです。

この地球の自然にしろ、我々のいのち、心身の健康にしろ、普段は「あたりまえ」

と思いがちですが、本当はこのようにあること自体が、文字通り全く有り難きことであり、実に不思議で、有難いという感性、感動が我々一人ひとりの心の奥深くになければ、人間として生きる、そして何よりも自分を生きるということができないように思います。

二つ目のカンは、いわゆる勘と言われるものです。勘は、とっさに判断を迫られる時、ものを言うわけですが、それも重大な場合ほど大事になってくると思います。極端に言えば、生き死ににかかわる場合さえあります。このように大事な勘も、「指示」やマニュアルや「皆と同じ」という常識に頼った生き方をしている限り、育たないし、働きもしないはずです。

発明王のエディソンは、「天才とは一%のインスピレーションと九九%のパースピレーション（汗をかいて骨折ること）だ」という有名な言葉を残していますが、いわば仮に九九回も汗をかいて骨折り、失敗しても、一回インスピレーションが得られれば、それは輝かしく歴史に残るものであり、どれほど多く失敗しても、不名誉でも弱みでもなく、極めて意味のあるものだということだと思います。

勘とインスピレーションは、一応同じように考えていいと思いますが、いずれも、エディソンが言うように、何回も何回も自分で骨折り、失敗し、又脇道にそれるという経験が積み重なり、それと何かが合わさって初めて生まれてくるものです。しかし今は、少子化ということもあって、親の目が行き届いて、子どもが自分で何かする前に、親がしてしまうとか、何をどのようにするかを教えたり、指示したりしがちです。学校においても、子どもに勉強を急がせるあまり、子どもに多くの自由を認めるより、指示通りに動かせて、失敗や道草の経験をさせない傾向があるようです。

子どももその方が楽で、安全であり、それに慣れると、自分で何かやって失敗することをひどく恐れるようになります。しかし本来子どもは、失敗や道草が認められる自由な雰囲気の中で、時には痛い目にあい、脇道にそれて辛い思いもしながら、しかし伸び伸びとたくましく成長していきます。そしてその中で大事な勘も養われるわけです。家庭でも学校でも、失敗や道草がいかにも無駄で、損なものだと考え、子どもにそのような経験をさせないならば、生きていく上で、そして何よりも「自分を生きる」上で最も大切なものの一つである勘を育てないことになります。尚、もう少しつけ加えて言えば、汗を出して骨折り、失敗し、脇道にそれることは、無難に成功するより遥かに個性的であり、それだけで十分「自分を生きる」ことを深めることになります。

三つ目のカンは、価値観や人生観の観です。同じものを経験しても、その見方、受けとめ方は、人それぞれによって違います。又同じことでも自分の中で心の持ちようが変われば、全く違って見えてくるものです。従って、その見方や思いようの基準になっているものは、生きていく上で何よりも大事であると言って言い過ぎではないと思います。単純には言えませんが、例えば何か重い病気にかかって、それを苦にして一層悪い状態になる人もいれば、逆にそれに大きな意味を見い出し、それまでの生き方を改める機縁にする人もいます。

「観」は、できるだけ全体を、そしてそのようにしてできるだけ本質を見ようとして、そこに生まれてくる見方だと思いますが、その意味で生きていく上で、特に「自分を生きる」上で、「人生観」、「世界観」は根本的に重要です。しかし不思議と言えば不思議なことですが、こういうことを余り考えない、考えているとしても、まともに「人生第一義」のこととして取り組まない場合が多いような気がします。人生観は、自明なものでも、不変のものでもなく、皆それぞれ違うように、変えることも深めることもできるものですが、しかし何か特別なことでもない限り、なかなか自分の生き方、見方を問い直すということはないようです。

学校教育において、道徳教育はあっても、人生観、世界観が人間にとってどれほど大事であるかというようなことは先ず言われないと思います。宗教系の学校では、確かにその宗教における人生観、世界観を語ることはありますが、生徒一人ひとりの生き方、見方を自覚させ、そういうものを深めていくことがどれだけ大事であるか、ということに気づかせるところまではなかなかいかないように思います。そして結局そういうことに触れないままで終われば、子どもたちに、「そういうことは大した問題ではない」というメッセージを送り続けることと同じことになります。

和田重正氏が提唱している「人生科」は、まさに生徒一人ひとりが、漠然としてではあっても自分の生き方、見方に気づき、少しでもそういうものをそれぞれに深めようとするものです。ここでは、一つの正解というものはないので、教える―教えられるという関係はなく、皆が共に真実なるものを求める「同行（どうぎょう）」であるわけですが、ただ人生の先達である教師や大人は、こうしたらこうなった、こう考えたらこうなったという具体的な経験を語ることはできます。聞いている者はそれを参考にするなら、すればいいということです。もちろん生徒同士の間でも同じようなことが起こることもあると思います。このようなことは、実際には難しいように思われますが、しかし子どもたちは、教師や大人の経験談を聞きたがるところがあり、それが真実なものであればあるほど、伝わっていくはずです。少なくとも、人生を考えること、人生の見方、生き方がどれだけ大事であるかということに気づくと思います。仮に公立学校であっても、例えば真に宗教的に生きている者が語る一言が、宗教的なものへと深まる機縁になるということがあり、そこに立派に宗教教育が成り立つとも言えるような気がします。ともかくこのような「人生科」は、「自分を生きる」ための大切な機縁の場になると思います。

今学期は、このような話をした後、次の授業で、龍村仁監督の『地球交響曲　ガイアシンフォニー』第二番に登場する佐藤初女さんのところをビデオで皆に見てもらいました。ご存じの方も多いと思いますが、佐藤さんは、実に見事に、そして魅力的に自分を生きておられる方です。佐藤さんは、若い頃、重い結核にかかり、十分な医療もなく、ただひたすら体にいい自然食と、教会の美しい鐘の音に導かれるように入信したカトリックの信仰によって、幸いにも健康を回復し、その後、悩みを抱いて訪ねてくる人々を受け入れ、手作りの山菜料理とおむすびでもてなし、元気になってもらうということを続けてこられました。

今は、青森県の岩木山の麓に、夢であった「森のイスキア」という山荘風の建物が多くの寄付によって完成し、もう一つの夢であった鐘も不思議な縁でアメリカの修道院から送られてきて、佐藤さんは毎日その美しい鐘の音を楽しみ、豊かな自然のいのちを共にいただきながら、訪れる人に元気になってもらうという日々を過ごされています。それが、実に美しい映像と音楽と、そして佐藤さんの訥々として語られる言葉によって、心の奥まで染み込んできます。自然のいのちをいただき、生きていること、健康であることが決してあたりまえのことではなく、真に不思議で有難いという喜びと感謝の深い思いから自ずと、悩みを抱いて訪れる人をもてなし、その人が元気になっていく喜びを共にして生きている佐藤さんの姿に、受講者の皆さんはそれぞれに感銘を受けているようでした。それを見て、心の内に何か安堵のようなものと希望がわいてくるのを覚えました。

10話

ミッション・スクールの教員として

長年勤めていた神戸女学院大学は、いわゆるミッション・スクールで、キリスト教主義教育を教育理念の柱の一つにしている大学です。学期の間は、毎日一校時と二校時の間に十五分間のチャペル・アワーがあり、金曜日は、講演会や音楽会のあるアッセンブリー・アワーの中でチャペル・アワーが持たれています。いずれも出席は自由ですが、そこで話（講話）を担当するのは、主としてクリスチャンの教員です。但し、近年クリスチャンの教員が減少しており、クリスチャンでなくても「話せそうな」教員が指名されて話をすることがあります。クリスチャンでない私もある時期から年に一回か二回、話をするようになり、非常勤講師になった今も頼まれて話をしています。

ところで、ミッション・スクールに勤めているノンクリスチャンの教員は、「キリスト教主義教育」に対しどういうスタンスをとればいいのか、考えてみれば少し難しい問題です。新任人事の公募の際には、キリスト教主義教育に理解のある者という条件がつけられていますが、この「理解」という言葉も漠然としています。しかし差し当たりその教育の当事者はクリスチャン教員であり、ノンクリスチャンは、いろんな意味でその「応援団」であると言えると思います。しかしそれだけでなく何かその教育に参加しうることがあるかどうかが問題になります。そういうことを自分なりにいろいろ考えていましたが、次第に次のように思うようになりました。

キリスト教主義教育とキリスト教教育とは、言うまでもなく当然違うものです。キリスト教教育は、キリスト教的世界観からの、キリスト教的世界観への教育であり、その最終の目的は、クリスチャンにまで導いていくことだと思います。日曜学校とか教会学校の中核になっている教育です。それに対し、キリスト教主義教育は、やはりキリスト教的世界観からの教育ですが、クリスチャンにまで導くことが目的ではなく（もちろん密かにそういう願いを持つことは自然であり、又実際そういう方向をどこか含んでいると思いますが）、いわばキリスト教の独自の善さによって「人間教育」（一応どの宗教・立場にも開かれている教育）に貢献するものではないかと思っています。

例えば、キリスト教とかクリスチャンの信仰的あり方を一つのモデルとして講話、宗教的行（事）、宗教芸術等において宗教的なものが人間にとって何であるのかを感じたり、考えたりする機会を設けるということです。それは、一応宗教的なものに関する「教養」と言ってもよいと思います。又実践的にキリスト教独自の善さが出ている、社会的に弱者と言われる人々と同じ立場からの「奉仕活動」を奨励することも一つの大事な教育であると思います。そして何より、自分自身の生き方や価値観の自覚が、宗教的なものが問題になってくる次元（生きることとの「深さの次元」とか「垂直方向」と言われるもの）にまで深まるよう働きかけることは、最も大事な教育であると思います。

このようにキリスト教を一つのモデルとして宗教に関する「教養」を身につけることや「奉仕活動」の体験、更に生きることとの「深さの次元」に気づく、そういう機会を積極的に提供するのがキリスト教主義教育であり、ミッション・スクールの「存在理由」ではないかと思います。序でに言えば、これ以上踏み込んだ、キリスト教への教育は教会学校の教育であっても、大学教育ではないと思いますが、但し大学教育の場であっても、クリスチャン教員の生き方、雰囲気、人柄等による自然な感化、薫育ということは十分ありうることであり（それは密かな、しかし最も実質的なキリスト教教育であると思いますが）、それが開かれた教育の中で少なからず起こりうるというのがミッション・スクールの最も願わしい実りではないかという気がします。

ところで、このようなキリスト教主義教育が、どの宗教、立場にも開かれたものである以上、実はノンクリスチャン教員も（キリスト教独自の善さからではないにしろ）それぞれの真実な生き方から、このような教育、特に生きることの「深さの次元」にまで自覚を深めるという教育に何らかの仕方でコミットできるのではないかという気がしています。

こんな風に自分なりに考えて、例えば自分の担当するゼミで、その時間の一部を使い、「人生科」と称して人生について語り合ったり、又いわゆる一般教養の科目として「人生論入門」というワークショップをやってきました。そして最初に述べたチャペル・アワーにおいても、クリスチャンではないにしろ自分なりに何か話せることがあるかもしれないと思って引き受けてきました。

自信があるわけではありませんが、どのようなスタンスで話しているかを具体的に知って頂くために、この六月にチャペル・アワーで話したことを紹介させて頂きたいと思います。テキストは、門外漢ではありますが、聖書に出てくるイエスの譬え話（「タラントン」の譬え）を取り上げました。オーソドックスなキリスト教の解釈からは少しずれているかと思いますが、それもひょっとして何か意味があるかもしれないと思い、次のような話をしました。

「タラントン」の譬え
（マタイによる福音書二五章一四〜三〇節）

聖書の中でも、この譬え話は特によく知られた話だと思います。タラントンは、通貨の単位ですが、この話から、いわゆるタレント——つまり天から授かった才能とか才能ある人、そして芸能人——という意味の言葉が生まれてきました。

旅に出る主人から、それぞれの「力に応じて」ですが、五タラントンを預かった僕（しもべ）は、それを元手にして更にもう五タラントンを儲け、二タラントンを預かった僕は、もう二タラントンを儲けて、帰って来た主人に、それぞれ「よくやった。お前は少しのものに忠実であったから、多くのものを管理させよう」とほめられますが、一タラントンを預かり、地中に埋めて大事に保管した僕は、「怠け者の悪い僕だ。この男からタラントンを取り上げ、十タラントンを持っている者に与えよ。誰でも持っている人は更に与えられて豊かになるが、持っていない人は持っているものまで取り上げられる」と叱られて、暗闇に放り出されるという話です。

ここで、よく疑問として出されるのは、商売をして、もしも失敗したらどうなるのか、地中にお金を埋めた者は、そのリスクを考えて、少なくとも主人に迷惑をかけないようにしたのだから、そんなに主人に責められることはないのではないか、というのと、もう一つは、僅かしか持っていない者が、持っているものまで取り上げられるというのは、少し酷ではないか、というものです。

ところで、一タラントンは、六千デナリオンに相当する額であると言われています。そして一デナリオンは、日雇い労働者の一日分の賃金だそうです。今の日本で言えば、少くとも五千円位でしょうか。そうすると、一タラントンは、六千デナリオンですから三千万円位ということになります。一タラントンと言えども相当な額です。それを元手に商売をして、もしも失敗したら、普通ではとても返せる額ではありません。一タラントンを元手に商売するのが、どれだけ大変なことか。主人に叱られた僕に対して、確かに十分同情したくなります。

これは、「天の国」の譬え話なので、タラントンは、まさに天賦の才つまり天から授かった才能とか、あるいは天命、使命のことだと思います。そしてそのように預かったものをいかに生かし、実現するかという話だと思いますが、しかし神様から預かったものは人間から見れば余りに大き過ぎて、それを生かし、実現するというのは、どれほど大変なことか、ということが先ず考えられます。確かに五タラントンや二タラントンを預かった僕は、大いに勇気を出してやれたわけですが、しかし普通の場合、どう考えてもそれほど大それたことはそうそうできるものではありません。

しかし最近になって、次のようなことに気づきました。神様から見て、その人その人の「力に応じて」預けている、と言われていることに、やはり十分注意を払っておかなければならない、ということです。人間にとっていかに大き過ぎるように見えても、神様から見れば、その人その人にとって十分できる範囲でタラントンが預けられているということだからです。そして更によく注意したいのは、主人の言葉として「少しのものに忠実であった云々」と、わざわざ「少しのもの」と言われている点です。しかも五タラントンや二タラントンに対してそう言われているということです。つまり神様から見れば、その人にとってこれでもまだ少ない位だ、本当はもっと多くのこと、もっと大きなことができるはずだ、ともかく今はやりやすいように特に少ない目にしているのだから、やれないという方がおかしい、十分できるのだよ、ということだと思います。

ですから、人間から見て大き過ぎるように見えても、大いに勇気を出して力一杯やれば（この力一杯やるということが大事だと思いますが）、必ずやり遂げることができるということです。力一杯やりさえすれば、失敗する等と心配する必要はない、それどころか、もっともっとやれることに気づき、そして実際そのように道が開かれ、それにふさわしい力も意欲も湧いてくるのだということです。

逆に、人間から見て大き過ぎるように思えて、尻込みしてしまうと、神様からすれば、その人の力に応じて、しかも十分できるように少ない目のものを預けたのにどうしてやらないのか、そんなことならもうその者にタラントンを預ける必要はない、取り上げてしまえ、となっても、そう無茶なことではないと思います。そしてその本人にとっても、もともとその預けられたもので何かをしようと思っていたわけではないので、取り上げられても困るということはなく、むしろほっとするかもしれません。

しかし実は、そのように「ほっとする」というのが一番よくないことで、恐らくいろいろ苦労して（つまり「外の暗闇で」修行して）、「やはり何としても勇気を出して全力を挙げてやるしかない」という気持ちになるのを神様は待ってくれているのかもしれません。

自分には、大き過ぎてとてもできそうにないと思われても、これはやはりどうしてもしたいことであると思っているならば、「あなたなら十分やれることですよ、力一杯やりさえすれば、必ずやり遂げることができますよ、いやそれどころかもっともっと大きなことができますよ」というメッセージをこの譬え話から受けとることができるように思います。

なお、この譬え話には出てきませんが、こういう話の大前提として、本当にやりたいことを全力挙げてやるならば、必ず思いがけない助けがある、ということは、聖書のいろんな所で言われている、ということをつけ加えておきたいと思います。

以上のようなことを最近のチャペル・アワーで話しました。ここで、「神様」とか「天の国」という言葉を使いましたが、これも含め全て自由に解釈してもらったらいいというつもりでした。聞いてくれていた人が、それぞれ自分が抱えている問題に即して自覚を深め、生きることの「深さの次元」で自分自身に向き合ってほしいという思いからこういう話をした次第です。

合気道と私

11話

どうして武道が合気（愛気）なのか

　ある夜、友人のＩ君とその茶道仲間のＹさんに会い、食事をしながらゆっくり話をする機会がありました。Ｉ君は、学生時代から坐禅をやりながら、同時に茶道も続けているのですが、最近Ｙさんと中国に日本の茶道を紹介しに行って来たという話から始まり、ヨーロッパでも茶道への関心を持つ人が増えており、Ｙさんがスペインやスイスの修道院の「坐禅道場」で御点前をして来たという面白い話をしてくれました。今、欧米では日本のいろんな文化に対し、我々が思っている以上に関心が持たれ、場合によっては日本人よりも真剣にそういうものに取り組んでいる人も多いという話から、「実は今、合気道をやっているんだけど、合気道も外国で真剣にやっている人が増えているようだ」と私が言うと、Ｉ君もＹさんも私が合気道をやっていることに関心を示してくれたので、それから合気道の話になりました。

I君　君が合気道をやっているとは知らなかったなァ。どれ位やってるの。

松田　五十歳からだから、もう十六年位になるよ。

I君　どうしてやろうと思うようになったの。

松田　大分前に偶然読んだ本に植芝盛平という創始者のことが出ていて、読んでいるうちにやりたくなってね。だけど町の道場に行くのも勇気がなくて。そのうち、勤めている大学に、君もよく知っていると思うけど内田樹氏――合気道師範なんだけど――が専任として来てくれて、一年ほどして合気道のサークルができて、僕もそれに入れてもらったわけ。

I君　それはよかったね。合気道というのは、一体どういうものかなァ。見たこともないし。

松田　一言ではなかなか言えないけど、さっき言った創始者の植芝先生は、確か昭和四十四年に亡くなっているので、最も新しい武道の一つだと言える。でもご本人は、多くの流派の武術を極めたようで、それらのエッセンスを統合したと言われている。それに大本教の有名な出口王仁三郎師に親炙して、確か「世界を和合させる道。その極意は、己を宇宙そのものと一致させることにある」という、壮大というか実に高邁な立場に立っていてね……。

Ｉ君　へェー。そうとは知らなかったなァ。だけどその特徴みたいなものをもう少し具体的に知りたいね。

松田　そうだね。大体は一対一でやる体術が主だけど、柔道や空手と違って、自分の方から攻撃しない。だから護身術とも言えるけど、自分から攻撃しないのは、それだけが理由ではないようだ。ともかく自分から攻撃しないので、試合はできないし、と言って型を競い合う競技もない。稽古にしても、互いに自由に技をかけ合う乱取り稽古もしない。いわゆる型稽古だけ。師範が受け（手）に手や肩をつかませたり、手刀で打ちかからせたりして、それを取り（手）としてさばいて、受け手を投げたり、固めたりする、その一連の型を我々が真似て、互いに取りと受けを交替し、又相手を替えながら繰り返しやって覚えていくわけ。

Ｉ君　なるほど。でも試合もしないし、稽古も型だけだと、どこが面白いのかなァ。それに第一、実際に武道として強くなれるの。

松田　それは、誰もが持つ疑問だと思う。高段者の演武を見ていると、流れるように美しいし、迫力もあるんだけど、予め取りと受けが決まっているし、大体どういう技をするかも分かっているので、結局は八百長ではないかと言って、その強さを認めない人も多いよ。だけど昔の武術は殆ど型稽古だけだったらしいし、そうだと結局型稽古とは何かということになる。

I君 そこは、是非聞きたいところだね。

松田 僕もよく分かっていないんだけど、少し思っていることを言わせてもらうと、型稽古は、多種多様な攻撃に対し、それぞれに対処する動きの型を何遍も繰り返して無意識的に動けるよう体に覚え込ませるわけ。ただ実戦では決して型通りにはならないから、そういう稽古をしながら、応用力のある「武道的身体」を練り上げていくということなんだ。差し当たり分かりやすい利点としては、多種多様な攻撃パターン、それには武器によるものとか二人以上で掛かってくるものとかいろいろあるんだけど、それに対処しうるということ、それからもう一つ言えば、試合や乱取り稽古では危険なので禁じられている当て身技や関節技が、むしろ技の中心になっている。型稽古では危険を未然に防げるので……。こういうのが型稽古の強みかなァ。

I君 なるほど、そういうことか。

松田 でも実はもっと本質的にすぐれたところがあると思うよ。合気道のように型稽古だけで、試合も乱取り稽古もしないということは、闘争心というか攻撃本能を掻き立てないで済むということなんだ。向上心は大いに必要だけど。武道とか競技スポーツとかは、勝ち負けが絶対というところがあるけど、合気道はそれがない。これは珍しいことだと思うし、又精神衛生上実にいい。「負けず嫌い」の僕にとって勝負を意識しないでいいというのは、実に有難いことだよ。でもこのことは、精神衛生上いいというだけでなく、実は武道的に本当は最も大事なことなんだ。

I君　どういうことかなァ。逆説に聞こえるけど。

松田　ともかく武道は、当然だけど相手の力は極力出させないで、こちらの力は最大限出すというのが全てで、そのために何よりも先ず相手にこちらがどう動くかを察知されないようあらゆる工夫をする。例えば、日常ではやらないような意表を突く動きをする、だから単純な型でも最初稽古する時なかなか覚えられないんだよ。又「起こりを消す」と言って、普通一、二、三という拍子で動くのをいきなり二、三と動くような。これはどんな武道でもやることなんだけど。合気道の面白いのは、合気、あるいは愛する気と書いて愛気と言って、相手と気を合わせる、つまり相手と対立しないことが一番大事だと言われる。闘争心というか攻撃本能が強いとどうしても気配を感じさせてしまうし、肩とか腕とか特定の筋肉に力が入って相手に動きを読まれてしまう。特に例えば掴まれた手は余計力が入る。しかし闘争心がなければ、持たれた手も脱力できて、こちらの情報を与えないで済む。尤も気力は充実していないと困るんだけど。ともかく合気道は、相手と対立しない、闘争心を持たないということを徹底させる。だから相手の動きに逆らわないで、むしろ相手の気持ちのいい方に動きながら、相手には何だか分からないうちに、こちらの仕事をして関節を極めたり、投げや固めに入るというわけ。だけど闘争心を持たないで全身をリラックスできるということは、もう一つ決定的に大事なことがある。それは、こちらの最大の力、つまり身体全体の力が瞬時に出せるということなんだ。足を踏ん張り腕力によってというのとは格段に違う力が出る。もちろんそのためには体軸が通っているとか身体の中心としての丹田ができているとか必要なことがいろいろあって、稽古しながら身につけるんだけど、その大前提として相手と対立しないで気を合わせるということが何より大事なんだ。それが本当にできると、「合気」の本当の意味としての宇宙の気と合する、つまり宇宙のこの上ない叡智と愛に満ちたパワーと一つになると言われる。創始者の植芝先生はそういう人だったらしいよ。武道的に最も強いのが、実は世界を和合し、万物を愛護する合気、愛する気の愛気だというのが面白いと思うんだよ。合気道をやるのは、結局、植芝先生によれば、「神の愛の力をわが心身の内で鍛練すること」だと……。

I君　なかなか難しい話だけど、確かに何かありそうな気もするね。どこか禅に似たところもあるんじゃないかな。

松田　そうそう。合気道は、よく「動く禅」とも言われたりするよ。

I君　それこそ「動中の工夫」だね。

松田　合気道の稽古は、師範が模範を示す時に、型の手順を言うだけでなく、身体運用上大事なことを話してくれて、それを課題にして、いわば実験するように、そして納得がいくように自分のペースで稽古することができる。これは型稽古のいいところで、身体の運用法や身体そのものの可能性なんかに興味がどんどん出てくるよ。その点僕が教えてもらっている内田樹師範は、実に研究熱心で、一番ホットな内容を実に明快に語ってくれるので、やる気を起こさせる課題がいつも一杯あって困るほどだよ。

Yさん　松田さんは、今どういう課題を一番面白いと思っているんですか。

松田　そうですね。いろいろあるんだけど、一番の課題と言うと、合気道をやり始めた頃は、やはり力を入れて力づくでないと満足感が得られなかったんだけど、それは一番よくないと言われて、しばらく欲求不満が続いたわけ。そのうち身体の一部だけに力を入れないで身体全体の力を出すということが少し分かってきて、それから力づくということが気持ち悪く感じられるようになってね。それで今はいかに最後まで気持ちよさを感じつつ動けるか、そして「合気」ということで、少し変な言い方だけど、相手に温かさを感じてもらえるような動きができないかと。実際に「和気藹藹（あいあい）」をモットーにしている道場だってあるらしいよ。

Yさん　御点前をやっていても、やはりお客さんに緊張させないことがすごく大事で、そのためにはこちらがどれだけリラックスして、そして心をこめてやれるかなんです。

I君　「和敬清寂」の和と敬の両方がどうしても必要なんだね。

松田　合気道の稽古で面白いのは、何度も相手を替えてその都度始めと終わりに「お願いします」、「有難うございました」と正坐して畳に手をついて低頭するんだけど、それを一日に何十回とするわけ。しかも型稽古だから老若男女誰とでも全く対等に取りと受けを交替しながらやるわけ。それで闘争心もなく実に和やかで、しかも何回も低頭して相手に敬意を表するというのも気持ちいいもんだよ。

Yさん　今は、どうしても人間関係がぎすぎすしたり、逆にあやふやだったりするわけですけど、合気道とか茶道は、体で人間関係のよさを感じるところがあって、今の時代大いに意味があるかもしれませんね。

I君　合気道は特にスキンシップというか老若男女と気持ちのいい触れ合いができるということだし。

松田　まさにそうだね。合気道をやっていて受けの方が好きだというのが結構多い。受け身が楽にできるようになると、確かに気持ちのいい動きをさせてもらって、最後は関節技でマッサージをしてくれる。適当なところで参ったと合図をすればいいわけだから。序でに言うと、受けは前にも後ろにも転ぶし、同じ技も必ず右、左とやるので、偏りのない全身運動で体中の流れもきっとよくなる、いい健康法だと思うよ。

I君　確かに君は血色がいいね。

松田　有難う。これは、畑仕事や散歩の所為（せい）でもあるんだけど。

I君　君の話を聞いていて、合気道が試合とか競技がないのに外国でも広まっているのがどうしてか少し分かった気がする。やはり「動く禅」なんだね。今は、既成の権威や価値観が崩壊して頼るものがないと言われているけど、少なくとも身体は「天地の理法」そのものだから、身体の正しい理解や運用を通して何か確かなものが見えてくるかもしれないね。

松田　その通りだと思うよ。特に武道の身体運用法は、これまで殆ど公にされなかったものだけど、今は、そういうものをいろいろに表現できる優れた武道家が出ていて、それは画期的なことだと思うよ。何せ武道とか武術は身体運用法の宝庫だから。

Yさん　茶道は、これからどうなっていくのか心配なんですが、茶道もまさに型稽古だし、合気道のようにその底にある思想みたいなものをもっと今の時代の人に分かるように取り出せたらいいなと思います。

I君　又こういう話をする機会があるといいね。

松田　同感だけど、今回は、僕ばかりしゃべって申し訳なかったなァ。でもお二人ともよく聞いて下さってとても嬉しかったよ。どうも有難う。

12話

子どもと合気道

幼馴染みで、小、中、高と同じ学校に通い、おまけに誕生日まで同じというM君とは、やってきた仕事は違っても、やはり気心の知れたというか、まことによき話し相手であり、年に何回か神戸の三宮辺りのレストランで食事をしながら歓談するのが、何よりの楽しみになっています。二人とも無事定年退職し、今はそれぞれ好きなことをして暮らしていますが、最近又、トアロードの行き付けのレストランで会い、ひとしきり話が弾みました。この頃どんなことをしているのか、という話になって……。

M君　相変わらず元気そうだね。やはり合気道を続けているの。

松田　何とか続いているよ。もうすぐ十七年になるかなァ。この頃は、何と言うか、からだ全体を動かすということが少し分かってきて、気持ちがよくてね。飽きるということがないよ。

M君 それはいいね。年をとってそういうのができるというのは幸せだよ。

松田 有難う。ところで君に言ったかな。この頃、合気道の子ども道場にも手伝いに行っているって。これも又、面白くてね。

M君 いや、それは聞いてないよ。確か前に、そんなことをしたいみたいなことは言ってたと思うけど。君は、教育学とか子ども学とかをやっているから、君らしくていいじゃない。

松田 まあ、そう言ってもらうと嬉しいけど、実際は、何か教えているというより、子どもと一緒になって遊んでいるというか、暴れているというか……。それがすごく楽しくてね。この歳になって子どもと一緒に暴れることができるというのも、そうないと思うよ。これは、全く合気道のお陰でね。

M君 君が行っている子ども道場というのは、やはり君の師匠の内田樹師範がやっているの。

松田 いや、そうじゃなくて、そのお弟子さんのHさんとその後輩のNさんが指導している道場でね。芦屋市の柔道場でやっているんだけど、幼稚園の年中から小二までのクラス、大体六、七人かな、それから小一から中三までのクラスで二十人位来ているかな、そういうのがあって、どちらも週一回一時間で、柔軟体操、呼吸法、基本技の稽古等をやっているよ。そして稽古の前や途中の休み時間に鬼ごっこや馬跳びや肩車とかいろいろ……。

M君 手伝いに行って、きっと面白い発見とか経験とかいろいろあると思うけど。

松田 そうだね。まあ一番最初に思ったのは、稽古の前とかに小さい子どもが道場一杯に走り回ったり、転がったりして、これは面白いなァと。

M君 どういうことかな。

松田 子どもにとって、百畳もある広い、柔らかい畳の部屋で、丈夫な道着を着て思い切り走り回ったり、転がったりできるのが、とても楽しいんだと思うよ。今の子どもは、普段そんなことできないんじゃないかな。場所もないし、怪我したり、服を汚すのを親は心配するだろうし……。

M君 確かにそうかもしれないね。昔は、そんなこと全く気にせずに遊び回っていたね。君とは毎日毎日一緒に遊び回っていたけど、よくも飽きなかったもんだね。今の子は、そういうことがないというわけか。

松田 そうらしいよ。だから仮に合気道のちゃんとした技の稽古まで行かなくても、丈夫な道着を着て広い畳の部屋を走り回ったり、転がったりするだけで、もう十分意味があるという気がするよ。

M君　それはよく分かるね。今、思ったんだけど、どこの小学校にもそういう広い畳の部屋を作って、必ずしも武道でなくていいから、ともかく丈夫な道着を着て思い切り動き回れるような、子どもの好きな運動とか遊びをやったらいいんじゃないかな。

松田　それは確かにいいアイディアだね。それだけでも実現すれば、今の子どもたちは随分救われるだろうね。そうなれば、わざわざ合気道なんかしなくてもいいようなもんだけど……。しかしまあ、子どもが合気道をやるメリットみたいなものも少しは考えたくてね。

M君　そりゃあそうだろう。何か君らしいことを考えているようだね。前に、合気道の理念とか面白さみたいなことは聞いた気がするけど、残念ながらほとんど忘れてしまったなァ（笑）。

松田　いやいや、まだちゃんとまとまったようなものは何もなくてね。でもまあ、子どもと合気道ということで、今少し思っていることがあって……。

M君　それは、是非聞きたいね。

松田　有難う。じゃあ、少しだけ言わせてもらうよ。ちょっと回り道みたいになるけど、最近読んだ本で、すごく面白いのがあってね。君は、シュタイナー教育というのを知っているよね。

M君　君から何度も聞かされたもんね（笑）。

松田　そうでした。どうも失礼。読んだのは、高橋巖という人の『シュタイナー教育入門』という本なんだけど、その中に実に面白いことが書かれていてね。どういうことかと言うと、古代ギリシアのアテネは、言うまでもないけど自由市民がせいぜい二万人位の都市なのに、哲学者のソクラテスやプラトンをはじめとして、政治家、芸術家等、世界史に残るような偉大な人物を沢山輩出しているよね。これは一体どうしてか、全く不思議としか言いようがないよ。

M君　そう言われれば、確かにそうだね。

松田　実は、それを、シュタイナーは、アテネの独特の教育によるのだと言っていてね。それはどういうのかと言うと、子どもは、七歳までは何ら特別な教育はされず、母親と奴隷にゆだねられて、ただ家庭の温かい環境の中ですくすくと育つと言うんだ。そして七歳になると、今度は何とジムナスト、つまり体育教師が子どもの教育全体を受け持つらしい。それも十四歳まで。シュタイナーによると、ジムナストによる教育がギリシア教育の本質であり、ギリシア文化が滅びると共にその教育も失われたって……。ボクシングのジムは、ジムネイジアム——体育館——のことだけど、ギリシア語から来ているんだね。ドイツ語のギムナジウムは中・高等学校のことで、中身はともかくギリシアのそういう伝統が微かに残っているということになるね。

M君　それは、非常に面白いね。確か昔、ギリシアの教育は、先ず読み書きや計算を教えるんじゃなくて、音楽と体育を教えたというのをどっかで聞いたことがあるけど……。今聞いたのでは、体育教師が教育の全てを受け持っていたということらしいが、一体どうなっているのかなァ。

松田　よく知ってるね。まさに君が言った点が、肝心なところだよ。本によると、体育教師は、子どもたちの肉体を鍛えるのに二つのやり方をしたと言うんだ。一つは、舞踊、それもグループでやる群舞だったようだ。詩の言葉や韻律、音楽の拍子、リズムや音階に合わせながら、それぞれが全体の中で調和するように踊って、宇宙的なリズムを身につけたということらしい。ここから呼吸作用や血液の循環等身体的なものの健全な発達や、芸術的なもの、霊的なものの発達を促したようだ、そしてそれを土壊として無意識のうちに育てられた道徳的なものや知的なものがやがて開花すると言われている。序でに言えば、今シュタイナー学校でやっている一種踊りのようなオイリュトミーと言われるものも、そのルーツはここにあるらしいよ。

M君 音楽と思っていたけど、先ずはもっとからだ全体を使う舞踊から始まったんだね。確かに子どもは、ただ歌うより、踊りながら歌うという方が好きだもんね。まあ、踊りというか群舞というのは、よく分かる気がするよ。ところでもう一つのやり方というのは何かな。ひょっとして、レスリングとか……。ギリシアの壺かなんかにそんな絵があったような気がするけど。

松田 君は勘がいいね。全くその通りだよ。この本では格闘技と書かれているけど、これもからだ全体を宇宙のリズム、宇宙の気の流れに従って動かすのを学ぶのだと言われている。この場合は、特にボディコンタクトを通して相手のからだの動きや力を感じながら、一番適切に自分のからだ全体を動かし、タイミングよく最大の力を発揮するということで、舞踊とは又違うやり方だけど……。そしてここで何と、著者の高橋巖さんが、こういう格闘技をやる意味は、「日本武道、合気道などで言われていることとほとんど同じです」と言っているんだよ。合気道という言葉が出てきてびっくりしたよ。

M君　なるほど。君はそれを言いたかったわけだね。

松田　まさにその通りだよ。日本武道、しかも合気道を挙げているのが嬉しくてね。尤も著者が合気道のことをどれほどご存じかは分からないけど。ともかくジムナストの教育が、舞踊と共に格闘技を通して宇宙のリズムとか宇宙の気の流れと一つになることをめざしているとすれば、確かに合気道と通じるものがあると思うよ。

M君　宇宙的なリズムとかその気の流れとか言われても、スケールが大きすぎて分かりにくいけど、しかしともかくそういうものに比べると、読み書きとか計算なんかは、社会の約束事みたいなものだから、確かにもっと後になってやってもいいという気がしてくるね。

松田　全くそうだよ。宇宙的とか言うと、すごくオーバーな言い方みたいだけど、例えば天地とか大自然のリズム、エネルギーと言い替えてもいいと思うよ。そういう人間存在のベースというか根幹を育てることが先ず何より大事だということなんだ。

M君　そう言えば、この頃、小学校でコンピューターとか英会話を教えないといけないみたいなことが言われ出したけど、これは君の言い方で言えば人間の根幹ではなくて、枝葉末節ということになるね。

松田　末節かどうかは分からないけど、ともかくもっと人間の根幹は何かということを考えることが大事だと思うよ。この頃は、いわゆる有名大学でも学生の学力が低下したと言われているね。小学校どころかもっと前からお勉強をさせられて、人間の根幹を育てるのがお留守になっているからではないかなァ。人間の根幹が十分に育ってこそ、本物の学力というか真に学ぼうとする力が出てくるような気がするんだけど。

M君　僕も同感だね。十四歳の頃まで専ら舞踊や格闘技だけやって、きら星の如く大人物を輩出した古代アテネと、就学前からお勉強させられて学力低下と言われている我が日本とは、ちょうど正反対のようだね。我々の小さい頃は、まだ受験なんて何も知らずに遊び回って、それでも何とか大学に入れたわけだけど、シュタイナーさんの説で言えば、むしろ遊んでいたのがよかったということになるかなァ。

松田　本当にそうだよ。君なんか、大学院に入ってからめきめき頭角をあらわしたんだから。大いに感心しているよ。

M君　そう言うけど、単にやっていることが面白かっただけだよ。ともかく君は、子どもに合気道を教えていて、シュタイナーさんの説に我が意を得たりと思ったわけだね。

松田　まあ、そうだよ。今の子どもに少しでも「根幹」を育てるようなことができたらなァと。これは夢のような話だけど。合気道は、前にも言ったように型稽古だけで、子どもには分かりにくいし、子ども同士で熱中してやるというわけにもなかなかいかないんだけど、型稽古のよさというのももちろんあってね。先ず第一に大変安全で、先ず怪我はしないよ。しかも男女とか年齢差、力の強弱とかに関係なく全く対等に取っ組み合えるということ、それに闘争心を燃やす必要がなくて、それでいて、からだへの自信ができてくるという、こういうボディコンタクトは、何でもないようだけど、今の時代、コミュニケーションが稀薄になっているということも含めて大人にとっても子どもにとってもすごく貴重な経験だと思うよ。

M君　昔は、取っ組み合いのケンカもよくしたし、学校の砂場でよくスモウもしたね。それから名前は忘れたけど、からだごとぶつかり合うような遊びも一杯したなァ。大体男同士だったけど。

松田　確かにそうだったね。そういうボディコンタクトがどういう意味を持っているか、余り言われないけど、きっと人間の心身の根幹を育てることになっていると思うよ。合気道は、それをもっと洗練した形でからだ全体をバランスよく動かして、一層気持ちいいものにするというところがあると思うんだけど。それに、さっきも言ったけど、奥が深いものだし……。

M君　実際子どもが合気道して何か変わってきたということはあるの。

松田　僕自身は、まだ子どもがどう変わったかというのはよく分からないんだけど、道場を主宰しているHさんに聞くと、親御さんが「子どもの姿勢がよくなった」とか「大きな声が出るようになった」とか「落ち着いてきた」、「挨拶がしっかりできるようになった」というような感想を言ってくれるそうだ。つい最近だけど、子ども道場にかかわっている何人かで、もっと子どもに合気道を面白いと感じてもらうような工夫をしたいね、ということで研究会のようなものを始めてね。

M君　そうか、それはいいね。是非これからの日本の教育のために頑張ってくれよ。

松田　そんな大袈裟なものではないけど、まあ僕のこれからの課題の一つとしてやれたらなァと思って。実際は、単なる道楽かもしれないけど……。この間も、道場に来た小さな女の子が僕が来ているのに気づいて、「やった！」と言って僕に飛びついてきてくれてね。それだけで十分癒やされるよ。

M君　まあ、大いに楽しんで下さいよ。

松田　いやいや、どうも有難う。

難病と私

13話 ギラン・バレー症候群罹病の経験と気づき

(一) 発症まで

神戸女学院大学を無事定年退職し、引き続き五年間非常勤講師を勤めましたが、その途中から、私が生まれ育った家のすぐ近くにある神戸常盤大学の看護学科の養護教諭養成コースを担当するよう依頼を受け、不思議なご縁を感じてお引き受けしました。四年半のその勤めもほぼ終わり、後は〈最後〉の卒業式を待つばかりとなった二〇一四年三月八日、突然体調を崩し、翌九日朝には救急車で救急病院に搬送されました。

実はその週の始めに教育実習報告会があり、学生の皆さんとの最後のミーティングを終えた後、同僚と昼食を共にしながら、生まれ育った地で最後の仕事が出来たという不思議なご縁のことやその仕事も幸い無事終えることが出来てよかったというような話をしていて、つい口を滑らせ「五十歳頃からこの年(七十二歳)になるまで病気で授業や会議を休んだことはないよ」というような〈自慢話〉をしてしまいました。まさに〈天罰覿面（てきめん）〉と言うべきか、その週末には緊急入院の事態になったわけです。

小さい頃からわりあい元気な方でしたが、大学の三年頃から人生の問題に悩み始め、そのまま大学院に残り、殆ど下宿に引きこもって不規則な生活を続けているうちに心身共に衰弱して来ました。随分早い「老化現象」が始まったものだと思い、何とか「しゃんとしないと」という気持ちで、たまたま大学の掲示板で知った智勝会という座禅会に入りました。しかし「勇猛心」を欠く者には到底及び難い道であり、長続きはしませんでした。ただ幸いなことに座禅会で、森田療法の専門家である医師の江淵弘明先生に出会い、お世話になっているうちに、常に言われていた「ありのまま」という生き方が少しずつ身についたからか不思議に心身とも元気になって来ました。これは実に思いがけないことで、その驚きと感激から、単なる知識でしかなかった「自然治癒力」が自分の中で実際に働いている気がして、何か〈大いなるいのちの恵み〉のようなものを素直に信じられるようになりました。そしてこれまでの生き方・心身のあり方が〈自縄自縛〉と言うか、自分で「自然治癒力」を妨げていたことに気づき、それと共に「自然治癒力」が高まるような生き方・心身のあり方こそ「大自然の法則」と言うか「大生命の流れ」に沿うものであるに違いないと思うようになりました。それまで十年近くも暗中模索していた「生きる根拠」が思いがけなく与えられ、突然明るい出口に辿り着いた気がして、単に元気になったという喜び以上の解放感、幸福感を味わいました。

それからは、出来るだけ自然に親しみ、腹八分、適度な運動（やや長めの散歩や自彊術）、「ありのまま」に生きる等の自然志向ないし自然体の生活をするように心がけました。特に五十代になって、幸運にも同じ大学に合気道師範の内田樹先生が赴任され、学内に合気道のサークルを作られたので私も学生に混じって稽古させてもらいました。「争わない、ふわっと、気持ちよく動く」という、（試合・競技や乱取り稽古の全くない）合気道がすっかり気に入り、以後、この病気になるまさに前日まで週二回ほどの稽古を続けました。

（二）救急病院に入院

少し長い前史になりましたが、ともかく今回の発病は自分にとっても周りの者にとってもそれこそ〈青天の霹靂〉とも言えるものでした。緊急入院して暫くの間は昏睡状態でしたが、自分としては比較的早く意識が戻ったような気がします。というのもMRI等沢山の検査を受けたのを覚えているからです。しかし医師をはじめ、スタッフや周りの皆さんには、私が瞼を閉じたまま身動き一つせず、当然声も出せずしかも種々の検査の数値が異常なので意識があるとは到底思ってもらえなかったようです。この意識がないと思われていた数週間は全く特別な期間でした。

集中治療室で人工呼吸器や点滴等、延命装置でやっと生きている状態でしたが、ただ聴覚は正常だったので時間や昼夜の区別をはじめ、自分の状態はどうなっているのか、今何が起きているかは、常に〈聞き耳を立て〉推測することはできました。ただ周りの機械音やアラームの音、スタッフの声が大きくて夜間もなかなか眠れず、思い切り熟睡出来たらきっと早く回復するのにとばかり思っていました。しかしその割には後で分かったことですが夢も一杯見ていたようです。

入院して先ず思ったことはやはり、どうしてこんなことになったのか、ということでしたが、始めは、合気道の稽古で体の変な動かし方をして「中枢神経を疲れさせたのだろう」位に勝手に軽く考えていました。それともう一つ思ったのは「仕事が終わっていて本当によかった、このまま寝ていていいのだ」ということで、安堵感のようなものも感じました。しかし意識がないと思われている期間が長引き、どういう病気か分からず周りの人たちも悲観的になっている雰囲気が伝わって来ると、こちらもこれからどうなるのかという不安が増し、まさに自分は「まな板の上の鯉」だという気がして、もはや「なるようにしかならない」と開き直るしかありませんでした。これは、二十代の頃に森田療法の江渕先生に出会って教えてもらった「ありのまま＝開き直り」というあり方でした。但し元気な時に危機的なものに直面する場合と違って、そんなに悲壮感のようなものはなかったように思います。

それと並行してですが、次のようなことによって、精神的に少し落ち着くことが出来ました。一つは、やはり森田療法の江渕先生が当時、「ありのまま」という生き方と共に勧めて下さった吉本伊信氏の「内観法」を思い出し、全く我流ながら実行したことです。大雑把に言えば、森田療法は禅宗的であり、江渕先生の長い参禅歴から言って当然ですが、「内観法」は浄土真宗の流れから生まれたもので、江渕先生が勧めるのは少し不思議でしたが、しかし「出発点は逆だが、ゴールは同じだ」と言われ、臨床家の自由さを感じたものでした。

「内観法」は親、特に母親が自分に何をしてくれたか、それに対し自分は親に何をお返ししたか、又（それとは別に）親にどんなことをしたかをなるべく具体的に思い出そうとするものですが、実際に繰り返しやっているうちに忘れていたことを次々思い出し、母がやってくれた（当たり前としか思っていなかった）数々のことが、自分ならとても〈当たり前に〉やれるものではないことに初めて本当に気づき、しかも母に対し感謝の念どころかむしろ「うるさい」位にしか思っていなかった自分の愚かさ、ケチ臭さに愕然としました。大変不十分な内観法でしたが、それでも自分の愚かさと「ケチな根性」を自覚するには十分でした。そしてそのような者であるにもかかわらず世話し続けてくれた親への済まなさと感謝の思いが私の心を一杯にしました。

そしてそれと同時に、声も出ず、瞼も閉じ、身体中が動かなくなっていても、心臓の規則正しい鼓動は感じられ、心臓が昼夜を問わず七十二年間も休みなく動き続けてくれていることに気づいてハッとしました。しかもそれだけでなく、前に本で読んだことを同時に鮮明に思い出しました。人の血管は、目に見えるものだけでなく目に見えないような毛細血管も全部足すと、何と十万キロ以上の長さになり、心臓のポンプだけでは隅々まで血が行き渡らないので、全ての毛細血管が休みなく身をよじるようにして収縮・膨張を繰り返して血を送っているというのです。これは、自分が頑張るとか、健康に気をつけるというのとは全く別次元の話です。母親の胎内にいる時から始まって、「ケチな根性の人間であるのにただ一方的に生かされ続けて来た」と思う他ありません。そして当然のことですが、ここから一挙に、何と多くのものによってこの「ケチな根性」の自分が生かされて来たかに気づかされました。水、空気、太陽、土、植物、動物、鉱物等の「地の恩」のみならず、「人の恩」、そして「天の恩」・・・。この無限とも言える恩恵の自覚は、自分を落ち着かせてくれました。(退院してから、気になって吉本伊信著の『内観四十年』を読みましたが、「内観法」はやはり凄いなと改めて思うと共に自分の自覚はまだまだ貧弱だと思わざるを得ませんでした。それでも「最も深い自覚は、諸々の恩への気づきがあり、そこから懺悔、感謝、悦び、報恩の念が湧き起こる」と書かれていることが十分納得出来ました。)

更にもう一つ頭に浮かんでいたことがあります。それは、宗教家の五井昌久先生の著書から教えられたものですが、「全ての苦悩は、人間の過去(世)からの誤った想念(因縁・業)が現われて消えてゆく姿である」、つまり苦悩は、それにとらわれさえしなければ必ず消え去り、後は必ず良くなるというものです。自分の今の病気も、

「どうしてよりによってこの私が？」というように単に「偶然的なもの」だと思うと、自分の〈不運〉を嘆くだけで希望もなく益々落ち込んでしまいます。又苦悩は、自分を向上させる為に与えられた「試練」であり、「乗り越えられないような試練はない」と言われても、自分の場合、「闘病」というような強い気持ちにはとてもなれませんでした。むしろ「自分が蒔いた種は自分で刈り取るしかない」という、素直に受け入れる思いの方が自然でした。但し単に「自業自得」あるいは「天罰」というものであれば、後悔や「自分は駄目だ」という自己嫌悪や「孤立無援」の思いが残ってしまいます。しかしそうではなくて、「過去の因縁・業の消えてゆく姿なのだ」と受けとめ、「これで過去が清算され（いわば借金が返済され）、これから真新しい自分になれる」と思えば、希望が湧いてきます。しかも〈神仏を恨む〉ことなく、むしろ例えば今回の自分のように「一番いい時に業を消してもらえた」と思って感謝の念も起こってきます。自分にとってこのような受けとめ方が一番〈腑に落ちる〉ものでした。

この時特に思ったのは、二十代に「自然治癒力」の働きを実感した折にはその〈恩〉を強く感じていたのに、いつのまにか「自然治癒力が発揮しやすい心身のあり方をすればよい」というように思うだけになり、自然治癒力の働きに支えられているというその〈恩恵〉を忘れ、健康なのは「大生命の流れ」に沿って生きる〈努力〉をしているからだと思うようになっていた、ということでした。そしてこれは、自分の大きな「誤った想念」ではないかということでした。

このように、〈降ってわいた〉ような難病も過去の無数の業・因縁の消えていく姿であり、現れたら必ず消えて真新しい自分にならせてもらえるのだと思い、このように気づかせてもらった〈恩恵〉も含め、「ケチな根性」の自分が一方的に生かされ、恵まれ続けて来たことに気づいて、随分落ち着くことが出来ました。そしてその際何より有難かったのは、死への恐怖が薄らいだことです。こんな人間でも生かされ続け、恵まれ続けて来たという〈恩恵〉を感じれば感じるほど、死後どうなるにせよ「お任せ」して大丈夫、「お任せ」しようという素直な心境になることが出来ました。〈恩恵〉の自覚は、私にとって生と死後を一つにつないでくれ、深い安堵感を与えてくれました。

意識がないと思われて二、三週間経っていたと思いますが、親しくして下さっていた牧師さんがお見舞いに来てお祈りして下さっていると、モニター上の〈バイタル（体調）〉の数値が良くなるのを看護師さんらが気づいて、意識があるに違いないと思ってくれたようです。それからは、周りの人たちやお見舞いに来て下さる方が真剣に話しかけてくれ、私がそれを理解しているという気配を感じてもらえたようで、それを契機に集中治療室から明るい一般の個室に移ることになりました。

ただ依然として私の意思表示が出来ない状態が続きましたが、しかし閉じたままの瞼を開けてもらうと物が見えるので、家内が文字盤を作ってくれ、それを介して（時間はかかりますが）言葉を伝えることが出来るようになりました。初めての言葉、「ありがとう」が伝わった時は感動的でした。以後文字盤は改良され、立派に「命綱」の役割を果たしてくれました。

この頃、ずっと出続けていた大量の痰を取り出す為と、人工呼吸器が安定して作動するよう喉を切開し、「気切（気管カニューレ）」が取り付けられ、いよいよ〈長期戦〉になると覚悟しなければなりませんでした。幸いリハビリも始まり、ごく簡単なマッサージのようなものでしたが、療法士さんが心を込めてやって下さるので、随分幸せな気持ちになりました。

入院して二ヵ月半になる頃、担当の医師から点滴や鼻腔経由の栄養摂取はもはや限界で、「胃瘻（いろう）」に換えるべきであると告げられました。家内は、病名も分からないまま長期化を宣言されたことに不安を募らせ、私が学生時代に入っていた座禅会のメンバーで、兵庫県立尼崎病院院長の藤原久義先生に家内が「このような病状はよくあることなのか、それとも異常なのか」をお尋ねしたところ、早速駆けつけて下さって、担当医と話をされ、尼崎病院の方に引き取って頂くことになりました。

(三) 転院、病名が判明

急転直下尼崎病院へ転院し、再び集中治療室で本格的な検査が始まりました。特に神経内科の最新の機器で検査をしてもらい、五日後神経内科の専門医の影山恭史先生から、私の病気が十万人に一人と言われるギラン・バレー症候群であることを知らされ、その詳しい説明を受けました。ウイルス菌等に対する免疫機構の誤作動で末梢神経が攻撃され、麻痺するが、死に至るものではなく、新しい神経が生えることによって回復する病気だというものでした。但し症状は多様で、激しい痛みを伴うものもあるとのことでしたが、自分の場合は幸い痛みがなく正直助かったと思いました。どういう病気であるかが分かり、それも殆んどの場合死に至るものではないことを知って、急に明るい未来が開けた思いがしました。これからは、爪が生えるよりもゆっくり新しい神経が生えてくるのを待ちつつリハビリをすること、そして大量の痰を出し続けている肺にどう対処するかに的が絞られました。ともかく事態は一気に前向きに大きく転換したのです。

胃瘻に関しては、藤原院長はその方が良いとの意見で、「しっかり治しましょう」という強い気迫が感じられ、お任せすることにしました。胃瘻はどんなものか分からず不安でしたが、しかし結果的に言えば良かったと思います。もちろん、ひょっとしてこのまま取れないのではないかという心配もありましたが、リハビリのお陰で退院後数か月して幸い取れました。ともかく点滴や鼻腔からの栄養摂取と比べ、一回の時間が遥かに短く、又チューブ等の煩わしさが少ないのは大きな利点でした。胃瘻は、満腹感も空腹感もなく、その意味で飲食による生活のアクセントは全くありませんが、しかしそれは点滴も鼻腔栄養摂取も同じです。

差し当たりもう一つの課題は、人口呼吸器を卒業することでしたが、この病院に転院してからなお三カ月以上かかりました。ただ七月に入って排尿用バルーンが取れ、又「初風呂（機械浴）」、「初車椅子移動」を経験、但しその時はまだ呼吸器をつけていたので、医師に「ふいご」のようなものを持って付き添ってもらいました。しかしともかくも徐々に回復に向かっていることが実感出来、皆と喜び合いました。

部屋も集中治療室から一般の個室に移り、いよいよリハビリが本格的に始まり、毎日三人の療法士さんがそれぞれ時間を決めて病室に来てくれました。ＰＴ（理学療法士）さんには、最初の頃痰が出やすくするために真横の姿勢を保つことを専らしてもらったのですが、しかし二十〜三十分もその姿勢をとるのは実に苦しく、何とか続けられたのは横でＰＴさんが背中をさすりながら励ましてくれたお陰です。ＳＴ（言語聴覚士）さんは、硬直した顔面のマッサージからのスタートでしたが、とても丁寧に細かくやって下さるので、大変気持ちよく、お陰で少しずつ表情が出るようになったようです。ＯＴ（作業療法士）さんは、ナースコールが出来るようにいろいろ考えてくれました。手や足の僅かな動きで作動するよう特製のスイッチを工夫してくれましたがうまく行かず、結局顎を少し動かすことでやっとナースコールが出来るようになりました。但しそのスイッチに1ミリでも届かないと、後は看護師さんが偶然来てくれるという幸運を祈るしかありませんでしたが。それと前後して手の不自由な人の為の、オン・オフのスイッチ一つで操作出来るパソコン「伝の心」の練習が始まり、ある程度操作出来るようになった時点で、市の補助金で自分専用の「伝の心」を購入出来ました。これで一番助かったのは、家内とメールが出来るようになったことです。最初、一行書くのに三十分以上もかかりましたが、前述のようにナースコールが出来ない時に家内にメールしてナースセンターに電話してもらうことが出来、〈千金〉の値打ちがありました。部屋に来てくれる看護師さんとのやりとりも、「伝の心」で出来ましたが、とにかく時間がかかるので、家内が作りSTさんが改良してくれた「文字盤」を専ら使用しました。これは、後に気管カニューレに特殊な蓋（スピーチバルブ）をつけて発声出来るようになるまで大変重宝しました。

ところで一般の個室に移ったこともあって、お見舞いに来て下さる方々ともゆっくり対面出来るようになりました。私自身、昔からどちらかと言えばお見舞いに行くのが苦手でした。何をどのようにお話すればよいかよく分からなかったからですが、しかしお見舞いして頂く側になって初めて、どのようなお見舞いであっても実に嬉しく有難いものであることが分かりました。その方の近況報告であったり、世の中の動きを教えて頂いたり、スマホの動画を見せてもらったり、唄を歌って下さったり、お祈りして頂いたり、「お守り」を持って下さったり、いろいろでしたが、狭くなっている心を広げ、風通しをよくしてくれると共に、何よりもわざわざ足を運んで下さる

〈人情〉が実に有難く心に沁みました。毎日お世話して下さるスタッフの皆さんの優しい心も含めて、何と言っても「〈人情〉は百薬の長」であると思わずにはおれませんでした。

そんなことを思っていたある日、大学院の時からお世話になっていた恩師の上田閑照先生が奥様と御一緒にわざわざお見舞いに来て下さって感激しました。というのも先生は既に米寿を越えておられ、しかも遠く滋賀県の比叡平からおいで下さったからです。先生にただ来て頂くだけで、もう十分大きな励ましを頂いたのですが、しかしそれだけでなく、その時先生の言われた一言が私自身の心境を大いに変えるものとなりました。それは、「今は大変だけども、どんな状態であっても貴いいのちを生きているのだから、与えられた一日一日を大切にして生きて欲しい」というものでした。自分としては、「〈大いなるもの〉へのお任せ」の気持ちを持つことでやっと心の平安を保っているという状態でしたが、先生の一言で、「貴いいのちを生きている」という思いが薄れていたことに気づき、「これからは与えられた貴重な一日一日を大切にして精一杯生きよう」という気持ちが生まれて来ました。後で家内が言ってくれたのですが、「上田先生が来られてから、表情が随分明るくなった」ということでした。

急性期病院での入院は、本来短期的なものですが、しかしなかなか動けない事情がありました。人工呼吸器を使用している間は、回復期病院（リハビリテーション病院）で受け入れてもらえず、八月末にやっと呼吸器が取れた時には発症して五カ月以上経っており、これまたリハビリ病院で受け入れてもらえる期限を越えていました。しかしこの病気は、リハビリによって（どれ位かはともかく）回復する可能性があるので、やはりしっかりリハビリをしてもらえる施設へ移ることを望んだのですが、そのような所はなかなか見つかりませんでした。

（四）リハビリ専門の病院へ

家内がよく頑張って探してくれて、出来たばかりの本山リハビリテーション病院が受け入れてくれることになりました。そこは、全国でも数少ない難病患者用のフロアが設けられていました。県立尼崎病院に異例の長さで四カ月以上もお世話になった後、いよいよリハビリ専門の、居住性に富む病院での生活が始まりました。全室が個室で、どの空間も寛げるように工夫されており、特に最上階の広いリハビリ室は、三面がガラス張りで明るく、又周りに屋上庭園があり、すぐ目の前の六甲山を眺めながらリハビリ出来るのが大いに楽しみでした。

ＰＴ（理学療法）はフロアの主任さんが担当、珍しい病気であることに興味を持って頂いたようで、大変熱心に取り組んでくれました。先ず車椅子に坐ること、そして器具を使って歩行出来ることを具体的な目標として、可動域を拡げる少々ハードなストレッチや筋力をつけるトレーニングが始まりました。車椅子に坐ることは、お尻の肉が無くなっているので、座布団をしてもこんなにお尻が痛いものかと驚いたほどです。毎日ナースセンターに連れて行かれて1時間ほど車椅子に坐らされました。悪さをした生徒が職員室に残されるようだなぁと思いつつじっと我慢しました。個室で車椅子に坐ると特製のナースコールが使えないからですが、やがて普通のナースコールが使えるようになってその〈職員室行き〉から解放されました。車椅子の自走はすぐに要領が分かり、散歩気分で初めて食堂に出て行ってスタッフに驚かれました。

平行棒や歩行器を使って実際に歩くという訓練も始まったのですが、最初一番驚いたのは、足がまるで骨と皮だけのように細くなっていたことです。それと共に全く理解出来なかったのは、歩行訓練の段階になって〈歩き方〉を忘れてしまっていたことでした。足の筋力も運動神経も当然極めて低下していたとは言え、歩くこうと頑張っても微動だにしないのです。要するに片一方の足に全重心を置かないともう一方の足を動かせないことに気がつかなかったのです。ともかく〈直立歩行〉がどんなに難しいものであるかに初めて気づきました。序に言えば、歩行訓練を始めてから現在まで六年以上になりますが、何の支えも無しに外を歩く自信はまだありません。寝ている間に足が変形してしまって、なかなか元通りにならないのと、所謂「廃用性拘縮（使わないと固まる）」で体全体が固くなり、歩行の際に微妙に体を動かしてバランスをとることが出来ないからです。

ＯＴ（作業療法士）さんのリハビリは、手や指の可動域を拡げるストレッチと共に、例えば机の上の雑巾がけや簡単で面白そうな遊具を使う等のトレーニングが始まりました。リハビリ室の大きな棚には興味をそそる遊具が一杯並んでいて、やってみたいという衝動が湧いてくるのが分かりました。

ＳＴ（言語聴覚士）さんには、初歩的な嚥下運動を指導してもらい、しばらくして「気切（気管カニューレ）」にスピーチバルブ（開閉弁）をつけて発声する練習が始まりました。但しバルブによく痰が詰まりなかなか難しかったのですが、次第に自分らしい声が出るようになり、自分も周りの者も信じられない思いで喜び合いました。リハビリ中、「一分間スピーチ」と称して好きなことをしゃべってよい時間があり、毎回何を話そうかと考えるのが楽しく、話し出すとつい時間がオーバーするほど、それは〈至福の時〉となりました。

このようにわりあい順調にリハビリが進んでいたのですが、翌二〇一五年二月、三十八度以上の高熱が続き、もう一度県立尼崎病院に戻ることになりました。検査の結果、右肺がかなり白くなっており、ドレーン（排液管）を挿入し水を抜く手術をしたのですがうまくいかず、脇の下を切開し肺膿瘍（肺の周りに膿がたまる）であることが分かり、膿を削り取る手術をし、かなりの時間がかかったようですが、幸い無事成功し熱が下がりました。しかし数日後再び高熱が出て、今度は左肺が肺炎と分かり、いろいろ抗生剤を試し、もうこれしかないという抗生剤が幸運にも効いて事なきを得、結局一カ月半ほどして又リハビリ病院に戻ることが出来ました。それにしてもこの尼崎病院への再入院は、病名が分かってからの最大の危機で、どっちに転んでもおかしくない状態だったのですが、ちょうど手術室に向かおうとしている時、小学校の時の恩師である佐藤幸郎先生がお見舞いに来て下さったのです。既に九十歳を越えておられ、神戸の須磨からお一人で来られたのですが、「頑張って下さい」と声をかけて頂き、どんなに心強く思ったかしれません。実は先生には、「気切」の手術の折にもお見舞いに来て下さって外で待って頂いていたのです。その後も「胃瘻」のことで、随分励ましを頂きました。〈教育への志〉を育てて頂いてから、七十年近くもこのように温かく見守り続けて下さっています。

肺の問題が一応収まり、リハビリに一層気合いが入るようになりました。足に装具をつけ、平行棒や歩行器を使った歩行訓練が本格化し、又いよいよ経口摂取の訓練も始まりました。ヨーグルトやゼリーをスプーンで一口ずつ呑み込む練習は、最初は些か苦痛で、食の細っている患者さんが経口食で、「食べないと元気になれませんよ」と言われて食べさせられているその辛い気持ちが分かる気がしました。しかし経口食の訓練にも徐々に慣れていき、少しずつ量が増え美味しさを味わう余裕も出て来ましたが、退院時に胃瘻を外すところまでは行きませんでした。

作業療法は、パソコンの（一つだけのスイッチで操作する）「伝の心」では余りに時間がかかるので、画面にキーボードが表示される新しいタイプのパソコンを練習することになりました。実際のキーボードは、指でうまく押せないのですが、画面のキーボードならマウスを動かしてクリック出来そうなのでチャレンジしましたが、これには、意外に早く慣れ、何でもいいと言われて下手な俳句や川柳を文字にするのが楽しみになりました。

夏前から、退院やその後のことについて病院との話し合いが始まり、こちらとしては、リハビリを継続してもらえれば更に回復出来ると思っていたので、「特養」や「療養型病院」ではそれは期待出来ず、と言って「在宅」は訪問リハビリが可能だとしても、まだほぼ「全依存」の状態ではそれも難しく、なおしばらく病院でお世話になり、その間「在宅リハビリ」が出来るように手立てを講じてもらう他ありませんでした。先ずしてもらったのは、装着しやすい「マイ装具」を作ってもらうことでした。これは、足の歪みを固定することになるので、ある程度歪みが取れてからの方がいいのですが、そうも言っておれず適当なところで医師の判断でつくることにしました。ヒールの高さが七センチもあるものですが、確かに安定感があり、立ったり歩いたりしやすいもので、これを装着し、手すりを使ってベッドから立ち上がり車椅子に移る訓練が始まりました。お陰で家内に余り負担をかけることなく車椅子への移乗が出来るようになり、家のトイレも手すりを付ければ使える目途がつきました。ケアマネージャーが決まり、家のバリアフリー化として車椅子用のスロープやリフト、廊下の手すりの工事を計画し、既に要介護5の認定をもらっていたので補助金やレンタルで退院までに実現しました。お世話になるデイケア（通所リハビリ）、訪問の診療や看護、リハビリのスタッフも決まり、病院でケアマネージャーを中心に、これからお世話になるスタッフと病院側のスタッフ及び当事者のミーティングが開かれた後、十月二十二日に退院、一年七カ月ぶりの、車椅子での帰宅でした。

（五）「在宅」リハビリ

帰宅して最初のうちは、週三回のデイケア、週一回の訪問看護及びＰＴとＳＴの訪問リハビリ、隔週で訪問診療という日程でかなり忙しく、又車椅子、リフト（門から玄関までの車椅子用昇降機）、ベッド等のレンタル代を加えると、介護保険の「要介護5」の上限を超えるほどでした。

在宅リハビリは病院と違って、周りに目標課題が一杯あり、何かが出来るようになると一層やる気が出て、忙しくも楽しい毎日となりました。心配していたトイレ使用も初回からうまくいき、夜中の排尿だけパットで済ませました。ただ家内は、「気切」や「胃瘻」の管理をはじめ、医療・介護スタッフの連絡、応援、私の身のまわりの世話の他に、通常の家事、家内自身の仕事等で寝る時間も削って本当に大変そうで、少し休んでもらう為に、私はショートステイ（入所リハビリ）をしたり、家内のお友だちにヘルパーさんとして来てもらったりしました。

　リハビリで具体的に先ず進捗したのは、ＳＴさんの経口食訓練でした。ヨーグルトやプリンだけでなく、例えば〈お味噌に蜂蜜を混ぜたもの〉や岩ノリ、ゴマ豆腐を試し、これがうまくいって、一気に食の喜びに目覚めました。家内も〈閃いて〉とろろ汁や〈具のない茶碗蒸し〉等を作ってくれました。特に美味しかったのは、お見舞いで頂いたよく熟したアボカドでした。お茶やスープ類は、〈とろみ〉をつけて飲めるようになりました。そのうち手にはめる補助具でスプーンを固定し、自分で食べられるようになり、まだ基本的に胃瘻に頼ってはいましたが、家内の食事の時に自分も〈何がしか〉のものを食べ、〈普通の生活〉に戻って来たような感慨を味わいました。

　デイケアは、「ウエルハウス川西」という通所リハビリに通うことになりました。送迎車で十分位の所にあり、何かと私のリハビリ生活に好都合であり、又居心地のいい施設で助かっています。最初は「気切」、「胃瘻」の身でベッドにいる時間が長かったのですが、お陰で、今では施設の外を歩行器や杖や装具なしで一周する「独歩」の練習をするほどになっています。自由な時間は、他のメンバーと雑談をしたり、好きな読書をしてくつろぐことが出来るのが有難いです。リハビリは、生活上の課題にそったものとして、例えば階段の昇り降りの訓練を開始、その結果数か月で家の門と玄関の間の階段は手すりを使って自分で昇り降り出来るようになり、レンタルのリフトをお返しすることができました。

訪問診療の小松邦志医師は、長く総合病院で救急医療をはじめ、種々の科で研鑽を積まれ、最近クリニックを開業されたところでしたが、同時に又重病の患者さんの旅行の夢を、同伴することによって実現し、結果的に元気になってもらうという「新しい医療」を始めておられました。「治ってから外出ではなく、外出して治しましょう」というモットーで、その名も「こひつじクリニック」、本当の院長はイエス様ですと、実に大らかなクリスチャンドクターです。このような前向きの姿勢から、いつも新しいチャレンジに肯定的で、お陰で安心して外出する等、生活がとても積極的なものになりました。最初は、男性二人の介助でやっと車に乗れたのですが、そのうち家内の助けだけで乗れるようになり、退院三カ月後、神戸であった義兄の葬儀にも何とか間に合いました。ある時、家の前で車椅子から立って歩行器に移る時に転倒、頬骨を打って三針位の傷口が開いたのですが、小松先生に電話すると、巡回中の先生がすぐに駆けつけて来られ、家ですぐに傷の縫合手術をしてくれました。その後も様子を見に来て下さったりして、何と有難いことかと思い、一層安心感が増しました。退院した頃は沢山の薬を服用していましたが、「なるべく減らしましょう」という方針で、現在は便秘の薬のみとなりました。もう一つ有難いのは、先生は多忙な筈なのに、こちらの話をよく聞こうとされることです。家内は私の話が長くなるのを横で聞きながらヤキモキするほどです。最近は、クリニックがどんどん発展してスタッフも増え、なかなか小松先生には来てもらえませんが。

翌二〇一六年一月(お世話になっていた県立尼崎病院が他の病院と合併し阪神間で最新、最大規模となった)県立尼崎総合医療センターに検査入院し、検査の結果「気切」が不要となり、取ってもらうと共に、経口摂取のみで可能という診断を受けました。従って「胃瘻」も不要になりましたが、しばらく取らずに様子を見ることになりました。病院での最初のゼリー状の食事は薄味で決して旨いものではなかったのですが、しかし「気切」と「胃瘻」を卒業出来る嬉しさで胸は一杯でした。

約二週間の検査入院が終わって帰宅、早速痰を取る機器は片づけましたが、「胃瘻」

は使用しなくても衛生上日に二度お湯を通す仕事は残りました。経口食は、家内がいろいろ料理を工夫し、又市販の「老人食」を選んで、なるべく家内も同じものを食べてくれました。又訪問看護ステーション「ルシエール」のベテラン看護師さんの勧めで、足の歪みを固定する装具を不要にする為の、足首を柔らかくする運動が功を奏して、いよいよ装具無しの立位、歩行を開始しました。これは、デイケアの入浴をはじめ、いろんな場面で手間が省けて大変助かりました。

四月のお花見を久しぶりに満喫した後、再び検査入院し、まだ閉じていなかった「気切」の穴を縫合する手術をし、それと共に遂に「胃瘻」も取ってもらい、ほぼ二年間開いていた二つの「穴」が閉じられ、何とも言えない解放感を味わうと共に順調に回復に向かっていることを確信出来ました。10日ほどして帰宅、家の周りの山がすっかり新緑に変わっているのを見て思わず感動したのをよく覚えています。それ以後、三カ月毎に定期検診に行き、主治医の影山先生に少しずつ良くなっていることを報告し、一緒に喜んでもらっています。

次第に自信がつき、〈外食〉にも挑戦、手にスプーンを固定する補助具や「前掛け」持参ですが、お店で初めて食べる「とろろ丼」は、「この世にこんな美味しいものがあるのか」と言いたい位満足しました。二年間経口食をとらなかったので、味覚がとても鋭敏になっており、食パンも豆腐も卵の白身もそのままで何と美味しいものかと感心するほどでした。行動範囲も広がり、家内の介助でシャワー浴を楽しんだり、サポートしてもらって2階への階段の昇り降りも可能となり、お陰で発病以来初めて自分の書斎に入り、ようやく〈生還〉出来たとの思いで感慨無量でした。

その年の秋口と翌二〇一七年の春先に風邪をひき、春先の風邪の時は右足が浮腫み、相当腫れが出たので血栓の疑いがあり、近くの病院でエコーで調べてもらったのですが、そうではないことが分かり、そのままにしているうちに二、三週間で浮腫みがとれました。しかし次の年の春にも又風邪をひき、今度は左足が浮腫み、同じようにかなり腫れましたが、これも三週間ほどして収まりました。

話が少し前後しますが、退院してしばらくして卒業生に「ホメオパシー」の荻野哲也先生を紹介してもらいました。「ホメオパシー」は、我が国ではまだ公的に認められているとは言えないのですが、ドイツをはじめヨーロッパでは自然治癒力を高める民間療法として評価を得ているものです。シュタイナー教育等で知られる人智学運動の一環として前から興味を持っていたので、この際、私の体質改善になればと思い、お世話になることにしました。一回二時間ほどのセッションで、先生は、私がどういうタイプの人間であるかを知ろうとされ、いろいろ質問し、私が答えるのをじっと聞きながらメモを取るという形でしたが、短い質問に対し私は自分のことを〈存分に〉語ることが出来るという、なかなか得難い経験をしました。どれ位の種類のタイプがあるのかは分かりませんが、ともかく私の話からどういうタイプかを特定され、それに相応するレメディー（自然のものを粉末にし徹底的に希釈したものから出来たごく小さな粒）が送られて来て、毎日、あるいは定期的に服用しました。そういうセッションが三カ月に一度位あり、その都度レメディーも少しずつ変わり、私が一応家の中を独歩で歩くようになったのを機に、セッションは終了しました。「ホメオパシー」を始めてからしばらくして、先に述べた通り、原因のよく分からない足の浮腫みを二度も経験し、いずれも特に治療することなく二、三週間で自然に消えたのですが、腫れたところが少し焦げたような跡が残りました（今は大分薄らいでいますが）。荻野先生は、「これはホメオパシーで言う〈好転反応〉で、体の中の余計なものが体外に出る等、自然治癒力による自浄現象だから心配しなくていい、むしろこれで体がクリーンになり、自然治癒力も増していきますよ」と言われ、私も家内も、半信半疑ながらホッとしました。後になってですが、入院中やむを得ないとは言え沢山の薬を服用していたので、その残滓か副産物が〈掃除〉されたのでは、と思ったりしています。ともかくその後もリハビリは続いていますが、病気らしい病気はしていません。有難いことです。

二〇一七年三月の定期検診の折、病院内を初めて車椅子を使わず歩行器で歩くことが出来たので、主治医の影山先生も藤原院長も大変喜んで下さって、その後しばらくして、病院の講堂で「発症から回復への軌跡」と題して患者の立場で話してほしい、との要請を頂きました。突然のことで驚きましたが、院長をはじめ、お世話になった医師や看護師、療法士の皆さんに、ここ迄良くなったという報告とお礼が少しでも出来たらと思い、お引き受けしました。当日は、リハビリテーション病院、デイケアや訪問リハビリでお世話になっている皆さんにも来て頂いて、思いがけず多くの方々に、ここ迄回復したことを一緒に喜んで頂くことが出来、おまけに最後に大きな花束まで頂戴して人生にそう幾度もない「晴れ舞台」となりました。

この年の秋には、自宅の風呂に簡単な介助で首まで浸かれるようになり、それ以後風呂好きの私は毎日のように入浴を楽しんでいます。又知人から訪問歯科があることを知り、ケアマネさんに手配してもらってすぐに訪問診療が始まりました。長い間歯科に行っていなかったので、手入れすべきところが沢山あり、今も診療が続いていますが、障碍者や病人には訪問歯科は確かに大変有難いものです。STさんのお陰もあり、次第に噛む力がついて随分普通食に近づいた気がします。

二〇一八年になって、「電動アシスト歩行器」がレンタルで使用出来ることを知り、早速業者さんに試させてもらい、よさそうなので使うことにしました。これは平地や上り坂でアシストしてくれ、下り坂は自動的にブレーキをかけてくれます。まだ握力の弱い私は、これで多少の坂道も安心して歩けるようになり、「行動範囲」も大分広がりました。ただ歩行器自体が頑丈で、蓄電池等もあり少々重く、家内が自動車に積んだり、階段を持って上がるのが大変なので、私が手や足腰がしっかりするようになった時点で、もっと軽い普通の歩行器に替えました。

もう一つ歩くのを楽にしてくれたのは、訪問リハビリの療法士さんのお勧めで新しい装具を作ったことです。前に使っていたものは、足の歪みをそのままにして足の安定を補強してくれたのですが、今回のものは、足の歪みを矯正し、足裏がしっかり地面につくようにしてくれるので安定すると共に歩く満足感を与えてくれました。お陰で比較的長距離の歩行が出来るようになり、足腰や肺機能を鍛えるだけでなく、所謂運動不足も解消し、かなり元気になれたように思います。そして有難いことに、この装具をつけることによって「独歩」（歩行器や杖なしに独りで歩くこと）の練習も始まりました。そしてその応用篇として、手が空くので家の中を物を持って歩き、食器を運んで流しで洗ったり、洗濯物を干したり、掃除機を使ったり出来るようになりました。序に言えば、現在は装具なしの「独歩」の練習を始めています。まだかなり危なっかしい状態ですが。

話は前後しますが、県立病院からリハビリの専門病院に移る時に、主治医の影山先生から、「リハビリをしてどうなればいいと思いますか」と聞かれて、私は文字盤で「歩く、食べる、話す」と答えました。先生は「そうなるといいですね」と肯かれ、横で心配そうにしていた家内も、私の意外に前向きな答えに満足した様子でした。現在、幸いにも私のこの希望はどれもほぼ実現したと言ってもいいかもしれません。但しその際希望し忘れたこと、つまり手や指が使えるようになることは、他と比べかなり回復は遅れています。手や指は、他よりも早く良くなると勝手に思い込んでいたのですが、ある時ＰＴさんから、手や指は細かい筋肉が一杯錯綜していて実は他のリハビリよりずっと難しいのだと言われ、まさに「目から鱗」でした。字を書くことや箸を使うこと、服のボタンを嵌めたり、外したりすること等、今の大きな課題です。

立ったり、歩いたりする時に、体が柔らかいとバランスがとりやすいのですが、体が硬いと筋肉を使って倒れないようにするので疲れやすくなります。又靴下をはいたり、装具を着けたりするのに体が柔らかくないと十分に前屈出来ません。ある時新聞で、バレリーナが体を柔らかくする為に鍼灸に通っているという記事を読み、手先だけでなく、体全体がもっと柔らかくなるのであれば是非鍼灸をやってみたいと思っていたところ、知人から、車で十五分位のところにある宝塚医療大学付属治療院で鍼灸をしてもらえるという話を聞き、早速診てもらうことにしました。先生は、「鍼灸である程度体は柔らかくなりますが、その他どこか体の具合の悪いところはありませんか」と言われるので、「病気をしてから頭ののぼせや手足の冷えが少し気になっていま す」と答えると、「では針灸で体質改善をしましょう」ということになり、それから隔週で通うことになりました。やってもらっている間、気持ちがよく、つい寝てしまうこともあり、楽しみにして通っているうちに血流がよくなったのか頭ののぼせや手足の冷えも少しずつましになって来た気がします。体も少し柔らかくなったように思いますが、リハビリも同時進行なのでその効果がどの位かは、はっきりとは言えませんが。

在宅リハビリ生活は、スタッフの皆さんのお陰でこのように少しずつ出来ることが増え、行動範囲が広がっていく喜びがあり、スタッフの皆さんも一緒に喜んで下さるので、「人生においてこんなに応援してもらったり、喜んでもらったりしたことはない」と密かに思っています。それに、デイケアや訪問看護・リハビリは、三十分とか一時間とかまとまった時間、療法士さんや看護師さんといろいろお話が出来るので、生活に実に楽しいアクセントを与えてもらっています。

リハビリ全体のプランや課題について行き届いた配慮をして下さるケアマネージャーさんのお陰で在宅リハビリは以上のようにとてもうまく回っています。家内の並大抵でないサポートはもちろん、スタッフの皆さんがその力と善意を寄せ合って、ここまでリハビリを推し進めて下さったことに対し感謝の他ありません。それと共に、在宅リハビリ、在宅医療の素晴らしさ、有難さを日々痛感しています。地域での介護、医療がケアマネージャーさんを中心とした円滑なチームワークによって充実しておれば、老後は真に安心出来るものであることを強く確信しています。

二〇二一年十月で満八十歳、確かに加齢のことはありますが、今はもう少し欲張って更に回復出来るようリハビリを続けたいと思っています。介護度は要介護5から2になり、半年に一度の定期検診も、幸いどの項目もほぼ正常値で、前から少し問題のあったコレステロール値も家内の食事療法のお陰で何とか薬なしに様子見の状態です。

「平歩青天」という私の好きな禅語があります。歩行器や杖による歩行は〈平歩〉とは言わないかもしれませんが、しかし気持ちとしては、歩く喜びをかみしめながら青い空を仰ぐ心境です。但しもう少し深い意味で言えば、病気から「平歩青天」へ、ではなく、病気そのものが「平歩青天」への道であったかもしれません。ともかく病気をしてから自分としては不思議なほど素直に「天と地と人の恩」を感じるようになりました。この大恩を常に心身全体に染みわたるように味わい感謝しながら、大したことは何も出来ないにしろ自分なりに世界平和を祈り、もう一度与えられた貰い日々を明るく生きていきたいと思っています。

初出一覧

1話　人生の転機…季刊『禅文化』２０７号（禅文化研究所　２００８年1月）に所載。

2話　和田重正先生との出会い…『禅文化』２０８号（原題「人生の不思議―和田重正先生との出会い―」同上２００８年4月）に所載。

3話　体験的宗教教育論…『禅文化』２２０号（原題「宗教と教育と私―体験的宗教教育論―」同上　２０１１年4月）に所載。

4話　教育の前提としての三つの「信」…『禅文化』２０６号（同上　２００７年10月）に所載。

5話　教育の楽天主義…『禅文化』２１９号（原題「教育と楽天主義」同上２０１１年1月）に所載。

6話　くだかけ会合宿―「まごころ」と「いのちの世界」―…『禅文化』２１４号（原題「宗教と教育と私―『まごころ』と『いのちの世界』―」同上　２００９

年10月）に所載。

7話　グループ農園─土に親しみ、人情を味わう─…『禅文化』２１６号（原題「土に親しみ、人情を味わう─グループ農園二十五年─」同上　２０１０年４月）に所載。

8話　ゼミナール「人生論入門」…『禅文化』２１１号（原題「宗教と教育と私─『人生論入門』を担当して─」同上　２００９年１月）に所載。

9話　授業─「自分を生きる力」をめぐって─…『禅文化』２１３号（原題「宗教と教育と私─『自分を生きる力』をめぐって─」同上２００９年７月）に所載。

10話　ミッション・スクールの教員として…『禅文化』２１０号（原題「宗教と教育と私─ミッション・スクールの教員として─」同上　２００８年10月）に所載。

11話　どうして武道が合気（愛気）なのか…『禅文化』２０９号（原題「合気道の面白さ─どうして武道が合気（愛気）なのか─」同上　２００８年７月）に所載。

12話　子どもと合気道…『禅文化』２１２号（原題「現代の子どもと合気道」同上　２００９年４月）に所載。

13話　ギラン・バレー症候群罹病の経験と気づき…月刊『難病と在宅ケア』

２０１９年５月号（原題「山あり谷あり泉あり―ギラン・バレー症候群発症から回復への軌跡―」日本プランニングセンター）に所載。但し大幅に加筆、修正。

なお、各文章とも本書に収録するにあたり、多少手を加えた。

あとがき

本書は、長年勤めていた神戸女学院大学を定年退職した後、これ迄の〈人生と仕事〉を振り返り自分なりに大切だと思ったことをエッセイ風に書き綴ったものです。そのうち1話から12話までのエッセイは、私のゼミの出身で、禅文化研究所所員の井上（旧姓川辺）紀子さんの推薦で季刊『禅文化』に載せてもらったものです。私自身、不思議であり、又有難かったのですが、実は恩師の故上田閑照先生が禅文化研究所の哲学研究班の指導をされ、私も座禅の経験があるとのことで研究班に加えて頂いていた時期があり、研究所には親近感を持っていましたので、進んで書かせて頂きました。但し禅についてはまともなことは何も書けそうになかったのですが、「自由に書いて下さい」とのご好意に甘えて、テーマは漠然としていますが「宗教と教育と私」というものにしました。

なお、4話の「教育の前提としての三つの『信』」は、神戸女学院大学での「最終講義」を後で文章にしたものです。教育学を担当するものとしてはいささか〈無責任〉な内容かもしれませんが、しかし掛け替えのない〈いのち〉を預かる限りはどうしても「信」の世界に足場を求めなければならないのではないかとの思いがありました。11話と12話は、〈合気道と私〉をめぐるものですが、これも広い意味の「人生科」の問題ではないかと思っています。但し合気道を少しやっただけの一愛好者であるに過ぎませんので、そのような者の〈炉辺談話〉という形にしました。ここに登場するI君、Yさん、M君にはご厚誼に感謝します。

最後の13話は、ギラン・バレー症候群を患い、お世話になった病院で、退院後患者の立場から「発症から回復までの軌跡」をお話するという機会を与えて頂いたのですが、そのことを知られた月刊『難病と在宅ケア』の編集者の依頼で「患者の声」のコーナーに同じ内容のものを書き、それを今回大幅に加筆したものです。この病気のお陰でこれ迄の自分の生き方が問われ、多少とも自覚が深められたことを書くことで本書の一つの〈結び〉になれば、と思った次第です。

このようにいろいろなご縁から、これ迄の〈人生と仕事〉について振り返る機会が与えられ、自分としては大変有難かったのですが、振り返ってつくづく思ったことは、日々の歩みも、危機を通しての出来事も、又教育そのものも敢えて言えば、「いのちの恵み」に他ならないのではないかということでした。本書の題とした所以です。

本書『いのちの恵み―宗教と教育と私―』の出版を快くお引き受け頂き、いろいろ有難い便宜をはかって下さったくだかけ会会長の和田重良先生ご夫妻に先ず心よりお礼申し上げます。ご夫妻にはこれ迄四十数年にわたりくだかけ会を通じて文字通り〈陰になり日向になり〉私自身の「人生科」の歩みを支えて頂きました。本文中にはそのことを書き記すことが出来ませんでしたが、ここに記して感謝の意を表したく思います。又編集のボランティアをして下さっている遠藤律好さんには月刊『くだかけ』で日頃大変お世話になっていますが、今回の出版でも原稿の段階から温かいコメントを頂き大いに力づけて頂くと共に、こまごまとしたお仕事を引き受けて下さって誠に有難うございます。

禅文化研究所事務局長中川弘道様には、季刊『禅文化』に載せて頂いた拙稿をこのような形で出版することを快諾して頂いた上に、十分な便宜をはかって頂きました。ここに心より感謝申し上げます。又井上紀子さんには、前述の通り本書のそもそもの切っ掛けを作って頂いただけでなく、この出版の後押しもして下さって、とても有難く思っています。

定年退職後、既に十四年余になりますが、その間のほぼ半分を入院と在宅リハビリで過ごして来ました。ささやかながらもこのような本を出版しようという位に迄気力と体力が回復しました。これも、医療及び介護のスタッフの皆様を始め、恩師、先輩、友人、知人の方々、そして卒業生の皆さんのお心のこもったご支援のお陰です。ここ迄元気になったことをご報告し、心より厚くお礼申し上げます。最後に身内のことで恐縮ですが、妻の真理子には、日々の歩みも危機の時も精一杯支えてくれて感謝の他ないことを書き添えたく思います。

二〇二一年六月　宝塚・ふじガ丘にて

松田　高志

著　者

松田高志 まつだ・たかし

1941年、神戸生まれ。京都大学教育学部卒業。同教育学研究科博士課程満期退学。1975 ～ 77年、ドイツ・テューービンゲン大学に留学。大谷大学文学部助手、神戸女学院大学文学部教授、神戸常盤大学保健科学部特任教授を経て、現在、神戸女学院大学名誉教授。教育人間学専攻。くだかけ会顧問。
著書『いのちのシャワー〈人生・教育・平和を語る〉』(くだかけ会)、『いのち深く生きる教育』(せせらぎ出版)、『いのち輝く子ら―心で見る教育入門―』、共著『土からの教育』、『はたらくことの教育的意味』(以上、くだかけ社)他。
翻訳　F・キュンメル著『現代解釈学入門―理解と前理解・文化人間学―』(玉川大学出版部)他。

いのちの恵み ―宗教と教育と私―

発行　2021年8月11日　初版発行

著者　松田高志
編集・発行　特定非営利活動法人　くだかけ会
〒250-0105　神奈川県南足柄市関本44-1
TEL・FAX 0465-74-4770
振替　00260-5-13064

発行所　株式会社　水書坊
〒146-0082　東京都大田区池上1-31-1
TEL 03-3752-1577　FAX 03-3752-4196

装幀　矢野のり子＋島津デザイン事務所

印刷　株式会社 メデューム

ISBN 978-4-89645-021-7

松田高志 著

——いのちの三部作

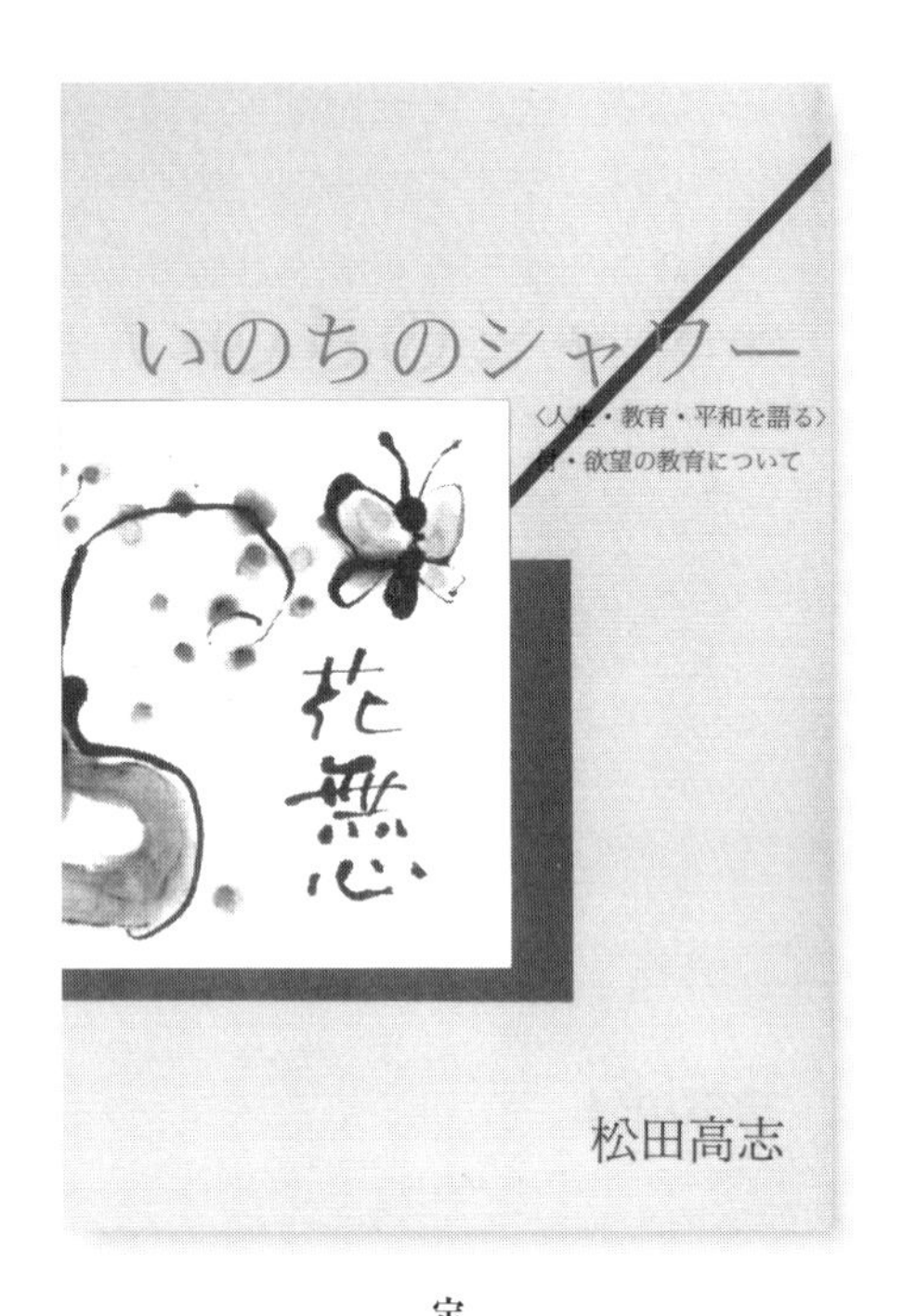

定価…一三〇〇円（税込）

定価…一六五〇円（税込）

◆発行——特定非営利活動法人 くだかけ会
〒二五〇-〇一〇五 神奈川県南足柄市関本44-1
TEL・FAX ○四六五-七四-四七七〇
［振替］00260-5-13064